「都市問題」公開講座ブックレット 36

第 42 回「都市問題」公開講座
自治体と観光

目　次

JN174991

自治体と観光

● 2016 年 1 月 16 日（土）13：30 〜 16：30 ●場所：日本プレスセンター 10 階ホール●

基調講演

自治体は観光を
どう受け止めるべきか

西村幸夫 氏

東京大学大学院教授

西村幸夫（にしむら　ゆきお）
東京大学大学院教授
1952 年、福岡市生まれ。東京大学都市工学科卒、同大学院修了。明治大学助手、東京大学助教授を経て、1996 年より東京大学大学院教授。専門は都市計画、都市保全計画、都市景観計画など。工学博士。主な著書に『西村幸夫 風景論ノート』（鹿島出版会、2008 年）、『都市保全計画』（東大出版会、2004 年）、編著書に、『都市空間の構想力』（学芸出版社、2015 年）、『風景の思想』（学芸出版社、2012 年）など。

　はじめまして、西村です。よろしくお願いいたします。

　さきほど、新藤理事長のご挨拶のなかで、「この公開講座で観光の問題を取り上げるのは初めてだ」というお話がありました。おそらくそれは、自治体が観光に対してどう向き合えばいいのかということに関して、なかなか統一したスタンスが見出しにくかったということではないか。少

写真 1

東京・浅草

なくとも 15 年ぐらい前まではそうだったと思うのですが、このところの大きな変化によって状況は変わってきたということが、この公開講座につながっているのではないかと思います。そのあたりについて少し考えてみたいと思います。

●転回点は 2002 年

　これは先月に浅草で撮ったものです（写真 1）。平日の午前中なのですが、大変な賑わいです。真っ直ぐ歩けないぐらいで、20 年ぐらい前までとは、全く様相が変わっています。こういうことは日本中で起きてきています。残念ながら、すべてのところが同じように賑わっているわけではないのですが、少なくともこういう状況に向かいつつあるわけです。

　これは長崎県対馬市の厳原（いづはら）という、本当に小さな港町です（写真 2）。日本から行くと辺境なのですが、この山のなかには、ハングルで「国有林からのお願い」が書いてあります。なぜかと言うと、実はいま韓国から日帰りで、たくさんの方がトレッキングに来られているんです。船が

写真2

長崎県対馬市・厳原

ありますから、日帰りできるわけです。これほど原生林が厚く、なおかつアップダウンがあり、都市からわりと近いところで見事なトレッキングができるところは、韓国にはないんだそうです。ですから、この景色は韓国の人たちにとっては、大変魅力的な景色になるわけです。こうしたトレッキングコースを韓国では「オルレ」と呼んでいます。

　しかし、つい最近まで、地元の人も含めて、このような地形が、海外の人にこれだけ魅力的に映るということを考えた人はいなかったのではないかと思います。そういう意味では、新しい目を持って、自分たちのまちをもう一回見直すということに、いまわれわれは直面しているというか、そういうことを考えないといけない時代に入ってきたのではないかと思います。

　このところの歴史を少し振り返ってみますと、転回点は2002年なんですね。これほどはっきり転回点がわかる施策もないと思うのですが、2001年に首相に就任した小泉純一郎氏は2002年の通常国会の施政方針演説のなかで、歴代の総理大臣としては初めて観光の問題に触れました。こ

の年、開催予定の日韓共催のサッカー・ワールドカップに観光の可能性を垣間見たのでしょう。そこから大きく政策が展開し始めるわけです。

2002〜2005年に、「観光カリスマ」100人の選定が行われました。「観光カリスマ」として個人を選ぶということで、これもいままでの観光施策ではなかなかないわけです。行政の観光施策は、運輸省が所轄していたということもあり、観光客を誘致することが主力だったわけですが、全く違うアプローチが始まります。

そして2003年に、「観光立国行動計画」がつくられます。これに法的な根拠を与えるために、2006年に「観光立国推進基本法」ができて、その法律の下の基本計画という形に、この行動計画が衣替えされるのが2007年です。また、「ビジット・ジャパン・キャンペーン」は2004年から始まりました。

これまで日本は、基本的には工業国なので、海外の人にわざわざ日本に来てもらうということはあまり考えていなかったわけです。この観光立国行動計画ができた年は、日本から海外に行く人は1652万人いたのですが、海外から日本に来る人は521万人しかいませんでした。ですから、当時の日本の観光地の課題は、ほかの国の観光地といかに競争していかに国内旅行をプロモートするかということでした。グァムやハワイなどと比べて日本の観光地はコストが高いので、なかなか競争力がないということが、メインの話題だったわけです。

現在は、日本から海外に行く人の数はそれほど変わっておりませんが、昨年、海外から日本に来た人の数は1900万人を超えたと報道されておりますので、今年のうちに2000万人を超えるのは確実です。観光立国行動計画を立てたときには、「2020年までに2000万人」と言っていたのですが、それが既に今年実現するのは確実です。

また、ビザの緩和についても、日本は非常に慎重だったわけですが、まずは韓国、中国からの修学旅行生から緩和され、東南アジアに広がっていき、なおかつ数次ビザまで発行されるようになりました。こうした

速い速度でのビザの緩和が、2004 年から始まっているわけです。

　そして、2008 年には観光庁が設置されました。

　さきほど、2002 年の小泉首相の施政方針演説で、初めて観光の問題が取り上げられたと言いましたが、小泉首相は施政方針演説を 2006 年まで計 5 回やっていて、5 回とも観光の問題を取り上げているんですね。2002 年から確実に国の施策が転換してきているということは、非常にはっきり見えるわけです。

●観光の経済効果と、新たなステージ

　その理由としては、観光のもたらす経済効果があります。

　マドリードに本部がある WTO（World Tourism Organization）が 1995 年段階で、将来の観光の伸びを予測しています。当時は国際観光客到着数が 5 億 6000 万人、観光収入が 4000 億ドルということですが、2020 年にはそれぞれ 16 億人、2 兆ドルに達すると、既に 1995 年段階で予測されていたわけです。その大半はアジアからの観光客で、メインはご承知のとおり中国です。ですから、予測は当然できていたわけですけれども、日本のなかでこれをどう受け止めて、そしてまた実際の施策としてどう考えるかについて、ようやく議論を始めたのが 2002 年だったということです。

　また当時、観光は産業としても非常に有望であろうということが言われ始めていました。当時、国内の観光産業市場は——時期によって変動しますけれども——23.5 兆円、直接雇用が 215 万人、GDP における割合も 6% で、重要な産業であると言われていたわけです。

　そして、訪日外国人の旅行消費額も、大きな経済効果をもたらします。このところ急速に伸びていて、2015 年は推定 3.5 兆円と言われています。これは前年から 1 兆円ほど伸びており、驚異的な伸びを示しているわけですが、例えばそれを、定住人口 1 人の年間消費額 240 万円で割りますと、145.8 万人分にあたります。145.8 万人分の消費を、日本国内で海外

の人たちがしてくれているということですね。この人たちには社会保障は必要ありませんので、その意味では、純粋に経済的な効果を期待できるという意味でも、観光は政策的にも非常に重要だと言われるようになったわけです。

ただ、忘れてはいけないのは、実は訪日外国人の旅行消費額よりも、日本人の国内宿泊旅行者の消費額のほうが、15兆円余とはるかに大きいことですが、いずれにしても訪日外国人の伸びは非常に急速だと言えるわけです。

したがって、観光は、行政の施策としては明らかに新しい段階に入ってきたと言えます。さきほど言いましたように、右肩上がりのインバウンドが経済的な効果をもたらしていることに対する大きな期待があります。それまではどちらかと言うと、観光は観光産業の問題なので、公は少し距離を置いて地域全体のプロモーションを頑張るから、ビジネスはビジネスの人たちで頑張ってください、というスタンスが多かったわけです。そうではなく、全体が一体となるべきで、観光は日本の経済を支える一つのエンジンなのだというように、認識が変化してきました。

すべての指標が右肩下がりになっている現代において、これだけ右肩上がりに急速に数値が伸びているものはあまりないので、日本全体の希望の星のように言われるようになってきたのです。

加えて、2020年の東京オリンピック・パラリンピックが決まり、これを目指して海外の人がまたさらに増える、日本のなかでいろいろなことが動き始めるということも、やはり観光に対して、一つの非常に大きな力になっていると言えます。

また、和食が無形文化遺産になったということもありまして、観光が一つの新しい地場産業にもなっています。これはその場所に行かないと楽しめませんし、日本に来るインバウンドのお客さんの最大の目的は、皆さんご承知のとおり、日本食を食べることなんですね。80%以上の人が、日本食を食べることを目的のひとつとして日本に来られています。

それまでの、少なくとも 15 年前までのわれわれの感覚ですと、観光というのは、行きたい観光資源があってその場に行くということだったのですが、そうではなく、具体的なアクション、つまり食事をするということが主目的になるような観光に変化しています。それはその場でしか味わえませんので、輸出することはできない。ですから、来てもらわなければいけないということで、非常に大きな意味を持ってきます。

　こうして、観光は新しい段階に入ったわけですが、観光の経済的な意味に日本人が気づいたということと同時に、観光そのものの中身も変わりつつあります。さきほども申し上げましたように、日本食を食べるために、わざわざ日本に来るという人たちが圧倒的多数であるわけです。その意味で言うと、観光資源巡りのような従来型の観光のイメージから、異文化体験・異日常体験というような、アクション・オリエンテッドで「だれと、何をするか」ということが非常に重要な旅のあり方へと、観光の質が変わってきつつあります。

　それは同時に、いままで日本人はごく当たり前だと思っていたものが、「外の目」から見ると、実は非常に重要な資源であるということに気がつくということでもあるわけです。さきほどの対馬の厳原の景色は、対馬の人にとっては当たり前で、むしろ非常に離れた辺境の地であるという、マイナスのイメージが強かったかもしれません。けれども、釜山から船で来ることができて近いこと、そしてそこに違った植生、違った地形の土地があるということ自体が、観光資源になり得るんだという意味で、自分たちの身の回りを見る目が変わってきつつあるのではないかと思います。

　そうしたことを踏まえて、観光をそれぞれの観光事業者のビジネスの集合体ととらえるのではなく、地域全体がどういう魅力を持っているのかを総体として考え、それをうまくコーディネートしていくことを考えないと、なかなか地域間競争に勝てないということになってくるわけです。その意味では、観光というものを、まちづくりの一環として考える

ことが必要になってきます。

　また、もともと観光でいちばん重要な情報は口コミだと言われていたのですが、最近のネット環境の充実のなかで、SNSなどで口コミを組織的に動かすことができるようになってきました。ネット環境そのものも、新しい観光のあり方に非常に大きく寄与しています。いままでは、広く不特定多数の人にある情報を伝えるためにはマスコミに頼らざるを得ない、もしくは東京のメディアに頼らざるを得なかったわけですが、個人がいろいろな工夫をして情報を発信することができるようになりました。このことも観光のあり方を非常に大きく変えてきているのではないかと思います。

　言いかえると、まちの総合戦略そのものに、観光というものが取り入れられるようになってきたとも言えます。観光という目でまちの総合戦略を見直してみると、「自分たちのまちの強みは何か」「将来こういうことをやるべきだ」「こういうことをやってはいけない」といったことが、比較的、明確な戦略として見えるようになってくるのではないか。それは、いままでの観光の既成概念を、また新たに変革していくことにつながっていくのではないかと思います。

　これは高山祭を撮ったものです（写真3）。高山祭と言うと、曳山が賑やかに出ていくところがよく報道されますが、神事ですので、このようにまず神様がまちへ降りて来られるんですね。神輿に納まっていただいて、まちのなかに繰り出すところからお祭りが始まるわけで、一つの見事な物語があります。まちに訪れる神事ということで、これはまさに異文化体験であり、地元の人たちが、来訪者にこれをきちんと伝えることによって、自分たち自身も祭りというものをより深く知ることができます。これは、各地のさまざまな伝統的行事に言えることであって、自分たち自身が深く学ぶ、深く理解するということが、より正しく周りに伝えるということにつながっていくのではないかと思います。

写真3

岐阜県高山市・高山祭

●観光には問題も……

　では、いいことばかりか、観光ですべてがバラ色かと言うと、問題も
たくさんあります。

　一つは、これはバブルの再来ではないか、ということです。実はバブ
ルのときに、銀行はさまざまな温泉街やホテルに非常に大きな投資をし
て、ホテルをたくさん建てました。それはホテルの経営者にとっては節
税対策でもあったわけですが、そういうホテルを利用するような形の旅
行が大きく減ってしまったので、その後、大きな投資をしたホテルや旅
館などが非常に苦労をしました。いまも苦労しています。われわれはそ
ういう苦い経験を持っているのですが、いまの観光客の数だけを見てい
ると、同じようなバブル的な投資をもう一回やりかねません。ですから、
バブルの再来ではないか、という懸念もあるわけです。

　また、観光に上手く乗るということは、安易な地域再生策になるので
はないか、という問題もあります。いま努力していることを横に置いて
おいて、観光ですぐにお金儲けができて、地域を再生できるというのは、

少し安易ではないかとも思われるわけです。

　単純な現状肯定に陥らないか、という問題もあります。いまたくさんお客さんが来てくれて、現状がよいからと言って、改善の努力をしなくても、現状を上手くプロモートして伝えていけば、それで地域の問題は解決するのではないかと考えるのは、非常に問題があるのではないでしょうか。

　それからもっと根本的なことですが、観光というのは、旅行者側から見ると、どこかとどこかを比べてどちらを選ぶかという話なので、ある意味「商品」として見られるわけです。しかし、都市というのは商品でしょうか。都市には人が住んでいて、さまざまな活動があり、ビジターに選ばれるためだけにあるわけではありません。観光の事業者は「旅行商品」という言い方をしますが、そういうくくり方でまちを見られるだけで本当にいいのか、というような問題もあります。

　それから、もう一つ深刻な問題として、短期的収益と中長期的収益とが矛盾するということも起きかねません。さきほどの、大きな投資をしてホテルの客室数を増やしたというのがまさにそうです。観光の場合、入込客数や収益という数字が、ほぼ毎日、毎月、毎年出るなかで、事業者はビジネスをしていかなければいけないので、非常に短期的な収益のチェックを求められます。3年間ずっと赤字なのに、「これは将来、地域にとっていいかもしれないから」と言って、赤字のまま事業を続けることはなかなか難しい。

　ところが、まちからすると、まち全体の収益と言いますか、効用というのは、長期にわたって徐々に高まっていかなければいけないわけで、短期で右往左往するのは危険なことでもあります。行政としては、中長期でまちづくりを考えるということと、しかしそれが一つ一つのビジネスの集合体であることを考えると、一つ一つは非常に短期的な収益のなかで大きく動いてしまうということとを、いかにバランスするかという問題があります。

写真 4

中国・麗江

　こうしたなかで、やはりもう一回、地域の真の問題を考えなければいけないわけですが、これだけ観光が、特にインバウンドが元気になってくると、真の問題が見えなくなってしまうのではないかという恐れもあると思います。

　いくつかそういう例があります。これは中国の雲南省の麗江という、世界遺産になっているまちです（**写真 4**）。中国は国際観光客も増えているのですが、当然、国内観光客も増えておりまして、麗江などのような国際的な観光地の場合は、ほぼ毎年2〜3割、観光客が増えているんです。これは大変なことです。

　その結果、どういうことが起きているか。都心部に住んでいた人々はナシ族という少数民族で、もともと農民なのですが、建物を漢民族の人に貸してしまって、自分たちは郊外に住んで農業を平和に営んでいます。そして、漢民族の人たちが借りた建物は、レストランやディスコ、クラブなどになっているんです。都心部では建具がすべて外されていて、なかは広いスペースになっており、特に夜になると、ダンスを踊ったり、

写真5

中国・麗江

　大きな音楽を流したりする。そういうところが増えています（**写真5**）。
　この問題はユネスコにも取り上げられていて、危機遺産になるのではないかと、何度も警告を受けています。こういうことも起きかねないわけです。短期的な収益と長期的な収益というのが矛盾してしまうということが、やはり現実にあるわけです。
　これは有名なエジプトのギザのピラミッドですが（**写真6**）、現実はこうなっています（**写真7**）。こういう写真は、普通は報道されません。つまり、これだけ見事なピラミッドも、実は住宅地が目の前まで押し寄せてきているのです。どこで食い止めるか、どこまで大きな建物を建てさせないでいくかということは、行政的な課題でありますけれども、現実にもうここまで来てしまっているということです。
　こうした状況は、実は他人事でもなく、日本でも最大の古墳、仁徳天皇陵の周りは住宅地になってしまっています。そのことを考えると、住宅地を百パーセント否定することはできないけれども、世界的な観光地としての価値と、都市としての価値とのバランスをどこで取るかという

写真6

エジプト・ギザのピラミッド
（https://www.flickr.com/photos/gloria_euyoque/2161571299）

写真7

エジプト・ギザのピラミッド（空撮）
（©Raimond Spekking/CC BY-SA 4.0（via Wikimedia Commons）
［https://commons.wikimedia.org/wiki/File：Giza_pyramid_complex_
from_air_（2928）.jpg］）

写真8

富山県・砺波平野（出典：富山県資料）

ことは、非常に難しい問題です。この写真をご覧になっただけでも、実感していただけるのではないかと思います。

　これは、富山県の砺波平野の非常に美しい散居村集落です（**写真8**）。本当に美しいですし、ぜひとも守っていただきたいのですが、しかし、いまの仕組みでは、ここを守ったとしても、住んでいる人たちにとってどういう便益があるのか、非常にわかりにくいわけです。住んでいる人たちにとっては普通の農村集落であって、「守って欲しい」「いろいろなものをここに建てないで欲しい」と言われても、それは規制にしか映りません。それを超えて、お互いにウィン・ウィンでやれるような仕組みとしてはどういうものがあるか、われわれは考えなければいけないと思います。私は、そうした仕組みはなくはないのではないかと考えているのですが、それはあとでお話ししたいと思います。

　さらに、観光の問題を難しくしているのは、ステークホルダーが非常に多様だということです。宿泊事業者だけでなく、さまざまな人が関わ

っているわけです。そして、その人たちのあいだで連携するきっかけがなかなかない。私もまちづくりに関わっていると、よくそれを実感します。タクシー事業者は観光の最前線でもあるのですが、タクシー事業者と宿泊事業者がどういう接点を持てるか、共にまちの将来を考えるときにどういうテーブルがあり得るのかと考えると、それは非常に難しいのです。

　もう一つ、観光事業者は日々仕事が忙しいので、意外と地域のことを知らないということもあるんですね。自分のまちのことは知っていたとしても、隣のまちのことや広い地域のことはなかなか知らない。ステークホルダーのプラットフォームをいかにつくっていくかということも、重要な課題としてあります。

　また、日々事業が動いていきますので、あるところでストップして大きく変革をするということは非常に難しい、というこの世界の特徴があります。

　それから、行政の関わり方についても、公として関われる部分には限界があります。創造的な地域の総合戦略というものが必要になってくるわけで、行政は、地域が魅力あるものになり、それが結果として観光に結びつくような戦略をとらなければいけません。ある観光のターゲットに対して何か施策をとるだけでは、問題を部分的には解決できても、なかなか全体は解決できないのではないかと感じるわけです。

●観光における自治体の役割

　では、こうしたなかで自治体はどのような役割を担うことができるのでしょうか。

　まず、従来の観光行政の問題点は、さきほど申し上げましたように、少なくとも 2002 年以前は、公による観光へのサポートとしては地域のプロモーションが中心になっていました。しかし、もっと総合的な地域のまちづくりのためには、ステークホルダーの方々が連携して、全体と

写真9

広島・元安川沿い

　してネットワーキングができるようなプラットフォームが必要になって
くるだろうと思います。これは市のレベル、県のレベル、それぞれに必
要でしょう。

　そうしたなかで、さまざまなルールをつくっていくのです。大半の場
合、規制を強化するわけですが、例えば民泊のような、さまざまな古い
建物をなかなか有効利用できない現状に関して規制緩和を行うなど、行
政にしかできないことがあると思います。ハードなインフラもソフトな
インフラも、全体としてインフラを整備するのは行政の役割でしょう。
全体をコーディネートしていくような地域コーディネーターとして、行
政は動けると思います。ビジネスでは、なかなか収益が見込まれないけ
れども、しかし地域にとって非常に重要なもの——例えば公共交通の維
持など——に関しては、行政がやれる部門というのは明らかにあると思
います。

　これは、広島の原爆ドームのそばの風景です（**写真9**）。いい景色だ
と思いますが、よく注意をして見ると、細かいところに様々な工夫がな

されていることに気づきます。これは元安川という川ですが、川の護岸を見ると、必ずしも単純ではないんですね。さりげなく意匠を凝らした護岸が下流まで続いているのですが、昭和30年代からずっと工夫をしながら護岸をつくり続けてきたわけです。そして、川沿いに緑のネットワークがあって、建物が建っているのですが、実はここにある建物は、平和記念公園側には看板を一切出さないというルールをつくって、ほぼそれが守られています。かつてあった看板も撤去してきました。それでこうした景観になっているんです。

　大きな意味で言えば、原爆ドームをここで光らせて、地域の環境をよくしているわけです。それは観光に寄与しているのですが、広島市、広島県の行政がやってきたこと全体は、必ずしも観光のためだけではないのです。地域の総合的なレベルアップをしていくなかで、この景観をつくり出してきて、原爆ドームをさらに光らせることにつながっていると言えるのではないでしょうか。

　自治体の役割についてもう少し掘り下げますと、観光は、ほかの行政課題と少し違うところがあって、ゼロサムではなく、結果として双方にプラスに働く部分があります。つまり、ある自治体で努力をしていることが、ほかの自治体のマイナスには必ずしもならないということです。例えば、あるまちが大きなホールをつくると、隣のまちは、同じようなものをつくっても二重投資になるというようなことがあるわけですが、観光は一カ所では完結しないので、いろいろな人がいろいろなところに行くことによって、1＋1が2以上になり得るわけです。地域全体として盛り上がることになるので、ゼロサムゲームではないんですね。地域連携のなかで、ゼロサムゲームを超えてやれるという意味では、ほかの行政課題とは若干違うところがあります。

　そして、さきほどから申し上げているように、新しい目で、外からの目で、地域資源をさらに掘り起こしていくことによって、いままで以上に地域の魅力を生かすことができるのではないかと思います。そういう

意味では、観光という産業は、もうそこに行くしかない産業なので、究極的な地場産業とも言えるわけです。かなりの部分は、ライフスタイルを表しているような産業でもあります。地場産業、ライフスタイル産業として観光をとらえていくことによって、短期的収益だけを見ているのではない、観光ビジネスと公共との関係ができるのではないかと思います。

さらに言えば、観光は地域の文化政策ともなり得ます。さきほど写真をお見せしましたが、高山祭をきちんと伝えるということは、まさに文化政策でもあるわけです。文化政策がそのまま観光政策になり得るような施策をつくっていく必要があるのではないでしょうか。

そのためには、地域を総体的にマネジメントしていくことが必要で、観光部局だけが努力すればいいというものではありません。広島の元安川の沿道も、河川、道路、建築、景観、文化財など、各部門が全体として環境をよくしていこうとやっているわけですから、それを総体的にマネジメントしていくことが必要です。そこでは、地域の個性や地域のイメージが光を放っていく。そういうマネジメントが、行政の観光に対する役割ではないかと思います。

今日のパネルディスカッションには、山出・前金沢市長も出られますが、これは金沢の三つの茶屋街のうち、にしの茶屋街です（**写真 10**）。いまでも生きた茶屋街で、いろいろな新しいビジネスが入ってきています。食事をする店もあれば、チョコレート屋さんもある。地域の個性として、こういうところが守られているのであって、観光はその結果でもあるわけです。

もう一つの茶屋街は、主計町（かずえまち）と言いますが、ここには非常に魅力的な階段と街灯があります（**写真 11**）。この景色は、何も観光のためにやっているわけではないと思うんです。地域の総合的な施策として、地域の魅力をそれぞれ光らせていくようなことを少しずつ積み重ねていった成果です。それがこのように見事な階段になって、この先に花街があるのですけれども、非常に効果的な動線にもなっているわけです。明らか

写真 10

金沢・にしの茶屋街

写真 11

金沢・主計町への坂道

写真12

福井県若狭町熊川宿（1985 年）

に、地域のマネジメントの成果が観光に現れていると言えるのではない
かと思います。

　これは、私が関わってきた熊川宿という、福井県の鯖街道の宿場町で
すが、非常に荒れた建物がありました（**写真12**）。この建物をなんと
かしたいと思っていたのですが、なかなか民間だけではやりきれなかっ
たんです。しかし、行政がここをモデル住宅にしようということで動い
てくれたことによって建物が再生されて、いまはこのようになっていま
す（**写真13、14**）。ボロボロだった建物が、行政がサポートしてくれ
たおかげで再生しました。宿場町の町家の新しい住み方を提案すること
にもつながっています。泊まることもできますし、さまざまな集会がで
きるスペースにもなっています。

　ひとつのまちの、ひとつの建物をよみがえらせることによって、地元
の人々は自分のまちに存在する可能性に気づかされますし、建物の可能
性というものを、地元の人も実感することができたわけです。これが結
果的に、観光にも役に立ち、地域のマネジメントにも寄与しているので
はないかと思います。

写真 13

写真 14

福井県若狭町熊川宿（2014 年）

●残る課題──どこへ向かうべきか

　しかし、それでも残る課題がないわけではありません。いまはインバウンドが非常に伸びていますけれども、このままいきますと、数字だけが目標になってしまうような気がするので、これをいかに数ではなくて

質の向上に結びつけるかという問題は残されているでしょう。

　また、インバウンドと言ってもひとくくりにはできず、これから急速にクオリティが上がっていくはずなので、そこに対応していかなければいけません。かつてのバブルのときのように、あるときに一斉に団体客向けの宿泊施設を整備する、ということをやってしまってはいけない。

　もう一つは、そうは言っても日本人の国内旅行者のほうがボリュームとしてははるかに多いので、ローカルな観光との関係をいかに上手くやっていくか、きちんともう一回考える必要があるでしょう。

　それから、観光というものを経済問題で語ることは、とても説得力を持っているのですが、それを超えた地域の問題として語っていくような語り口を、常に念頭に置いておかなければいけません。経済問題としてのみ語っていては、経済が悪くなったときに、もう可能性がないような言い方をされてしまいますので、異なった、より広いスタンスを持っておく必要があるだろうと思います。

　かつ、既に触れておりますように、短期的成果と長期的成果のバランスをとるのは非常に難しいので、なかなか解決はできませんけれども、これは今後ともやっていかなければいけません。

　観光の問題としては、観光に直接携わっていない人たちには、なかなかメリットが目に見える形で実感できないということも言われています。渋滞が起きて、ごみが出て、観光事業者だけが儲かって、自分たちが被害を受けている、と。それを上手く解決するような新しい仕組みが求められます。みんなが経済的にシェアできたり、地域のブランド化にもつながったりすることが必要でしょう。そのためにも、地域間のコーディネーションも大切だろうと思います。

　これからどこに向かうべきか。やはり官がやるべきことと、民がやるべきこととを上手く分けていく必要があるでしょう。その距離感というのは地域によって違ってきます。観光地としての度合、歴史の深さは地域によって違うので、答えはひとつではないんです。伝統的な観光地で

写真 15

岩手県一関市・骨寺村荘園遺跡

ある場合には、既成の枠組みを壊したり、既得権益を整理するために行政もコミットすることが必要になってくるわけです。

　王道はやはり、地域の個性を地道に磨き上げることでしょう。個性とは何か。———突き詰めると、地域の生活そのものが、尽きない資源であろうと思うんです。しかし、そのことを実感するためには、外から地域を見る目が、非常に重要になってくるわけです。

　繰り返しになりますが、観光というのは自治体の総合戦略の果実であって、それを上手くマネジメントしていくことが重要です。そのときには、やはりある種のブランド戦略が必要になってくるだろうと思います。

　最後になりますが、これは岩手県一関市にある骨寺村荘園遺跡という、日本で2番目に重要文化的景観に選定されたところです（**写真 15**）。一見すると当たり前の農村風景なのですが、なぜここが歴史的に重要なのか。それは、中尊寺で発見されたこの「陸奥国骨寺村絵図」（**写真 16**）に12世紀後半のこの地域が描かれていて、その景観が現在もほぼそのまま残っているからです（**写真 17**）。同じように、道があって、

写真 16

『陸奥国骨寺村絵図』（詳細図・複製）（一関市博物館蔵 ［原本：中尊寺蔵]）

写真 17

骨寺村荘園遺跡（空撮）（一関市博物館提供）

建物があって、山があって、川がある、と。山が周りを囲んで一つの盆地を成しています。この風景は 12 世紀後半から変わっていないということが、この絵図が発見されたことによって証明されたんです。この絵図はいま重要文化財になっています。

　つまり、当たり前に思っていた普通の農村景観が、実は非常に長い歴史を持った価値のあるものだということがわかったわけです。そうすると一歩進んで、最近は農作物等の地域団体商標制度（2004 年）や地理的表示保護制度（2015 年）によって産地表示が効果的にできるようになったので、ここのお米を例えば「骨寺米」としてブランド化して売ることができるようになれば、この景観の価値を農家の人ともシェアできることになり、経済的なメリットにもつながります。

　このように、さまざまな仕組みと、観光、景観、地域資源とを組み合わせながら、総合的な戦略をつくりあげることこそ、現代の自治体に求められている観光戦略ではないかと思います。

　以上で基調講演を終わります。ご清聴ありがとうございました。

「都市問題」公開講座ブックレット 35

地方創生、この道しかない？

◆基調講演

松本 克夫 ジャーナリスト

◆パネルディスカッション

パネリスト（五十音順）

下山 克彦 中国新聞社編集局報道部長・論説委員

牧野 光朗 長野県飯田市長

松尾 雅彦 カルビー株式会社相談役、
NPO法人「日本で最も美しい村」連合副会長

山下 祐介 首都大学東京大学院人文科学研究科准教授

西村 美香 成蹊大学法学部教授（司会）

編集・発行　公益財団法人　後藤・安田記念東京都市研究所
2015年10月、Ａ５判、64頁、定価：本体463円＋税、送料180円

「都市問題」公開講座ブックレット 34

自治体議会は必要か？

◆基調講演

金井 利之 東京大学法学部・大学院法学政治学研究科教授

◆パネルディスカッション

パネリスト（五十音順）

寺町みどり 「女性を議会に 無党派・市民派ネットワーク」事務局

中本美智子 大阪府吹田市議会議員

根本 良一 前福島県矢祭町長

東野 真和 朝日新聞編集委員（前大槌駐在）

山口 二郎 法政大学法学部教授（司会）

編集・発行　公益財団法人　後藤・安田記念東京都市研究所
2015年7月、Ａ５判、72頁、定価：本体463円＋税、送料180円

自治体と観光

●2016年1月16日（土）13：30〜16：30 ●場所：日本プレスセンター10階ホール●

パネルディスカッション

梅川——皆さん、こんにちは。司会進行を務めさせていただきます、公益財団法人日本交通公社の梅川と申します。よろしくお願いいたします。

　いま西村先生のほうから、基調講演がございました。これからパネルディスカッションで、「自治体と観光」についてもう少し深掘りをしていければと思っております。

　さきほどもお話がありましたように、この公開講座で観光の問題を取り上げるのは初めてということでしたけれども、「なぜかな」と私も考えてみました。ひょっとすると、観光行政の分野には、ほかの都市計画、福祉、教育といった分野と比べて、おそらく規範になるような法律がないからではないかと思います。唯一挙げるとすれば、「観光立国推進基

本法」という法律です。これは 1963（昭和 38）年にできた観光基本法を 44 年ぶりに全面改定したもので、2007 年 1 月から施行されています。今年でちょうど 10 年目、来年の 2017 年 1 月で 10 周年ということになります。

　この観光立国推進基本法には 4 つの目的があるのですが、実は自治体との関係があまり書いてありません。最後に「第四章　国及び地方公共団体の協力等」という章があるのですが、地方公共団体の責務や役割ということで、「観光立国推進に協力しなさい」というようなことしか書いていないんです。ですから、自治体の方々の理解はなかなか進まないだろうと思いますし、自治体は何をやればいいのか、そういう意味では、法律としての規範性は弱い面があるのではないかと思っていた次第です。

　この法律ができて 10 年ですが、この間、観光に関する環境はかなり変わっております。西村先生のお話にもありましたけれども、やはりいまは "中国人の爆買い" に象徴されるようなインバウンドが最も注目を集めているわけです。先生の説明とちょっと数字が違うかもしれませんが、10 年前は約 830 万人だったところから、昨年は 1900 万人を超え、10 年で 2 倍以上になっていますし、消費のほうも、昨年で 3 兆 5000 億円ぐらいまで伸びています。

　ところが、インバウンドの方は増えているのですが、実は日本人の旅行、特に宿泊観光旅行が極めて低迷しております。それから海外旅行も減少に至っているんですね。これまで日本の旅行を支え、リードしてきた若手、20 代の女性、あるいは団塊の世代の女性、60 代の女性、この世代が減ってきているんです。

　少子高齢化、人口減少社会、そして地方創生が志向されるなか、観光が非常に注目されて期待が集まっています。インバウンドは増えているけれども、日本人のパイが増えないという状況のなかで、どう観光に向き合っていくのかが課題になってきています。地域にとってみれば、いわばパイの取り合いになりますし、知恵の出し合いにもなるだろう、と。

そんななかでどうやって観光振興をやっていくのか。私は地域の総合力を高めていく時代になってきたのかなと思います。

　今日は、そういう地域のマネジメント、地域の経営の舵取りを担う自治体の役割は何か、観光振興における自治体の役割やいかに、ということをメインテーマにして進めたいと思います。おそらくいちばんホットな民泊の問題、あるいは離島での観光案内の問題、エコツーリズムの問題、まちづくりと観光の問題など様々な課題、問題が出てくると思いますけれども、幅広い議論ができればと考えております。

　本日は4名のパネリストの皆さんにお集まりいただきました。まずは私のお隣から、隠岐地区ふるさと案内人、松江市の副市長である吉山治さん。そのお隣が、三重県の鳥羽市、海月<ruby>海月<rt>かいげつ</rt></ruby>という旅館の女将で、鳥羽市エコツーリズム推進協議会の会長でもある江崎貴久さん。そしてそのお隣ですが、東京都大田区の政策課長で、ご案内のとおり国家戦略特区ということで、民泊の問題に取り組んでおられる今井健太郎さん。それから最後になりますが、前の金沢市長で、いまは石川県中小企業団体中央会の会長でいらっしゃる山出保さんです。

　この4名の皆さんと、パネルディスカッションを進めてまいります。まずは自己紹介も含めて、パネリストの皆さんから5分程度、いままでの取り組みなどをお話しいただければと思います。では、吉山さんからお願いいたします。

●ふるさと隠岐の良さに目覚めて

吉山——松江市から来た吉山です。今日はテーマが「自治体と観光」ということで、仕事で観光に関わっている自治体職員は多いと思うのですが、私もさきほどご紹介いただきましたように、自分のライフワークと言いますか、市民として、「隠岐地区ふるさと案内人」という観光ボランティアガイドを実践しているので、今日お声をかけていただいたのかなと思っております。

最初に、さきほどの西村先生の話にもありましたけれども、観光を考える上で、「地域を知る」ことが大変重要になってくると思います。私の生まれは島根県の隠岐という離島です。今日お越しの皆さんは、まだ隠岐の位置もわからない方もいらっしゃるかもしれません。山陰の日本海に浮かぶ島で、島前と言われる西ノ島、中ノ島、知夫里島と、それから島後と、4つの島があります。私は島後、隠岐の島町で生まれ育ちました。

生まれてから高校まで隠岐で暮らし、それから島根県職員として隠岐で仕事もしましたので、都合22年間を隠岐で過ごしました。その後、

吉山　治（よしやま　おさむ）
隠岐地区ふるさと案内人、松江市副市長
1959 年島根県隠岐郡西郷町（現隠岐の島町）生まれ。1981 年島根大学文理学部法学科卒業、島根県職員に採用。その後 1984 年から 12 年間自治省（現総務省）に勤務、過疎対策・地方分権等の業務を担当。1996 年より再び島根県職員、平成の大合併時には雲南 6 町村（現雲南市）合併協議会事務局次長・木次町職員として 2 年間勤務、2006 年から 4 年間ふるさと隠岐（島根県隠岐支庁）で勤務、生まれ育った離島隠岐の多様性・魅力を再発見、この頃から隠岐 4 島「ふるさと案内人」（ボランティアガイド）を始める。2014 年 4 月より松江市副市長。

国家公務員に転職して、霞が関で 12 年間仕事をしました。そして再び島根県職員に戻り、いまは県庁所在地、地方の中核都市でもあります松江市に住んでおります。松江暮らしも 23 年目になり、60 歳の定年が近いという年齢です。ふり返ってみると、生まれ育ったところ、仕事をしたところ、さまざまな地域に住んだことが、非常にプラスになっていると思います。

仕事のほうも、国家公務員、県職員、それから市町村職員をそれぞれ経験させていただいて、「同じ公務でもこんなに違うのか」と、その違いを感じるところです。

いまは松江市の副市長で市町村職員ですが、私はこれまでずっと公務員として、基礎自治体、市町村の振興や住民自治に関わってきました。

12年近く前になりますが、平成の大合併のとき、島根県には6町村の合併によりできた雲南市という市ができました。当時、島根県から派遣された私は合併協議会の事務局のあった木次町の職員でもありました。6町村から給料をいただいて、2年間、島根は小規模町村が多かったので、生き残りをかけての合併に取り組みました。

　それから一昨年になりますが、縁があって副市長として松江市に来ました。あとで話題になると思うのですが、いまは喫緊の課題である地方創生に関わっております。残された現役期間の大きなテーマは、この人口減少社会を乗り越えるための、地方創生の取り組みであると考えています。そのなかで、観光という切り口から、地域の資源をどうやって磨いて、活用して、地域の経済の循環につなげていくかということが大きなテーマではないかと思います。

　「隠岐地区ふるさと案内人」という制度についてご紹介しますと、これは10年前に島根県の観光振興課と県の観光連盟がつくったボランティアガイドの仕組みです。当時の島根県知事さんが、その第1号になっています。各地域にボランティアガイドとして「ふるさと案内人」を置いているのですが、地図の専門会社が冊子や本もつくって、そのなかで各地区の頑張っているガイドさんたちを紹介しました。

　始めてよかったのは、「ふるさと案内人」という名前を使うと、休暇が取りやすいということですね（笑）。職場に休暇を出すときに、「これはしかたがないか」とみんなが思ってくれるんです。これが唯一のメリットと言えばメリットでした。これまで10年間で59組のグループ、合計179名を案内しました。

　いまは「隠岐出身」と誇りを持って堂々と言えるのですが、東京に出た25歳の頃は、出身地を聞かれると「隠岐」と答えるのが恥ずかしくて、なかなか言えませんでした。大変情けない、未熟な自分がありました。

　その後、45歳のとき、隠岐の実家の父が突然、くも膜下出血で倒れて、その看病のために、たびたび帰らなければいけなくなりました。それか

らしばらく家での介護を想定して、バリアフリーの家を新築しなければいけなくなりました。そういう事情もあって、それまで人事異動の希望を出しても聞いてもらったことがなかったのですが、そのときだけは「ぜひ隠岐に帰してほしい」と上司に必死に頼み込んで、隠岐で4年間勤務しました。

この4年間の隠岐での勤務が、自分の人生を変えたと言いますか、目から鱗でした。それまで生まれ育って知っているつもりの島を、実はこんなに知らなかったということに気づいたんです。島を回り尽くすというか、いろいろな人に出会って、隠岐の良さを発見しました。

島々にガイドとして「ふるさと案内人」がいるんですけれども、私がほかのガイドさんたちとちょっと違うのは、一人で4島をガイドするということです。最低1泊2日、通常であれば2泊3日はかかります。世界ジオパーク、国立公園だけではなくて、島の暮らしを見てもらうんです。離島ですので、いまでも手仕事文化が残っていたり、なんでも自分でやって、つくったり、飾ったり、という文化が残っています。それから、人が非常に親切で、助け合うという暮らしがまだ残っています。

ですから、「人に会ってもらう」という観光です。これからの観光振興をやっていく上で、「人がつなぐ観光」と言いますか、リピーターを増やしていかなければいけない、ファンをつくらなければいけない。

われわれの地域はずっと人口が減ってきていました。これが進んでいくと本当に大変なことになるというなかで、松江にしても、隠岐にしても、やはり観光を柱に地方創生をやっていくことになると思います。これを定住につなげるためにも、ファンをつくって交流人口を増やし、地域の活性化を図っていかなければいけないのではないかと思います。

最後に一言申し上げますと、私はいま松江におりますが、昨年、松江城が国宝になって、大変賑わっている感があります。ただ、これだけで終わりではなくて、むしろいまは国宝化をきっかけに、城下町松江のまちづくりをもう一度考えようと議論をしているところです。

最初の自己紹介を兼ねた挨拶は、これで終えたいと思います。ありがとうございました。

梅川——ありがとうございました。

●鳥羽の離島の魅力を伝えるエコツーリズム

梅川——それでは続いて、江崎さんにお願いしたいと思います。今年の5月には伊勢志摩サミットが開催されるということで、世界からも注目される地域ですが、そうしたことも含めてお話をしていただければと思います。

江崎——ありがとうございます。私は今日、三重県の伊勢志摩からまいりました。伊勢志摩という地域は、伊勢市、志摩市、鳥羽市、南伊勢町の3市1町から成っているエリアです。ほとんどの地域が国立公園に指定されているエリアで、私が生まれ育ったのは鳥羽市ですが、現在、伊勢志摩全体で活動させていただいていまして、主には鳥羽での活動が多いかなというところです。

　ご紹介いただいたときに、「旅館の女将」と言っていただいたのですが、皆さんがイメージする旅館の女将から、いちばん遠い女将なのではないかと、私は自分で思っています。

　私は23歳のときに鳥羽に帰って、女将になったのですが、「このままでは鳥羽の観光は面白くないな」と思いました。鳥羽には人が住んでいる離島が4つあるのですが、市民からすると、この島に対して「不便なところ」というイメージがありまして、島に住んでいる人は不便だろうから、ちょっと「かわいそう」というか、「大変だろうな」というイメージなんですね。合併のときにも、いろいろな理由があったと思うのですが、行政の経費もかかるということもあって、なかなか周辺の市町さんと合併ができませんでした。市の人口は、いま2万人を切るかもしれないというところになっています。

　でも、私は23歳で鳥羽に帰ったときに、「島の本当のすばらしさに、

いままでなぜ気づかなかったのか」と思ったんです。「この島を鳥羽の財産にしたいな」というのが、いちばんの思いとしてありました。鳥羽の人が、「鳥羽にこの離島があってよかったな」とか、ほかの地域の人たちが、「鳥羽にはこんな離島があっていいな、うらやましいな」と思えるためには、やっぱり島の人たちがいちばん幸せに見えて、実際、島の人たちにも幸せに感じていただかないといけない。

　私は観光の旅館に生まれたので、観光がいちばん自分にも向いていますし、観光の力でなんとかそれを実現できないだろうかと考えました。

江崎貴久（えざき　きく）
旅館海月 女将、鳥羽市エコツーリズム推進協議会会長
京都外国語大学外国語学部英米語学科卒業。1997 年、（有）菊乃（三重県鳥羽市）設立、代表取締役就任。旅館・海月（かいげつ）を経営。2000 年、有志と「海島遊民くらぶ」（（有）オズ）を設立。海・離島・まちをフィールドに環境・観光・教育を一体化させたエコツアーを展開。2010 年、第 5 回環境省エコツーリズム大賞を受賞。現在、環境省中央環境審議会臨時委員、三重県観光審議会委員、鳥羽市エコツーリズム推進協議会会長などを務める。

それが、もう一つの、女将らしくない活動に入っていった理由になっています。

　それで、「海島遊民くらぶ」という離島へのエコツアーガイドのチームをつくりました。これは有限会社オズという会社組織で行っています。こういう活動は、市から助成金や補助金をもらっている事業として始まるパターンが多いと思うのですが、私の場合は全く市にそういう動きがないときだったので、突拍子もないような事業としてスタートしていて、行政からの助成金や補助金は一切いただいていません。

　けれども、チームをつくりあげてから約 16 年、本当に陰になったり日向になったりしながら私たちを支えてくれているのが行政さんたちです。離島でツアーを行うわけですが、いろいろなメニューを実施するなかで、それまでにない新しいことをすることになります。例えば船にし

ても、以前は釣り客が乗るぐらいで、あとは運行している定期船などに乗るのが普通だったのですが、そこに「新しいプログラムをするためにお客様を乗せたい」とか、「無人島に行きたい」とか、いままでやらなかったことをやり出そうとするわけですね。そうすると、どんな法律に触れるかわからないので、市の職員さん、県の職員さんとかが、必要な情報を集めて、私たちのサポートをしてくれました。いままで法律に触れることなくやってこられたのは、会社としてとても大事なことだと思っています。

　そのように行政の方々が協力してくれた理由は、私たちが単に会社としてエコツアーをやりたいというだけではなくて、「鳥羽市をよくしたいから」「鳥羽の離島をよくしたいから」という目的があったからだと思っています。ここが、非常に大事な点かなと思います。

　そんなわけで、私たちも、来ていただいたお客様からいただいたお金で、今度は離島に何か還元するような事業もたくさんしようとしています。そのなかでいちばん成果を上げているのは、「島っ子ガイド」という、島の子どもたちによるガイドボランティアです。

　島の子どもたちは知らない人に出会う機会が本当に少なくて、なかなかコミュニケーション能力がつきにくいというのが課題になっていました。知らない人たちに、「何もない」と言っていた自分たちの島のなかから、自慢できるようなところをいっぱい見つけてもらって、コミュニケーションを図ってもらう。そんな取り組みをして8年になっています。

　また、活動をしながら、自分たちがツアーを行ったりする上で、どうしても必要な人たちとはつながれるのですが、そうではない方々とはなかなか一緒にテーブルにつくことができないなと感じていました。それで行政の方と話をして立ち上げたのが、鳥羽市エコツーリズム推進協議会です。ここには観光事業者よりも、ほかの事業者の方、ほかの産業の方がたくさん入ってくれています。

　最初に、どんなエコツーリズムにしていくのか、市の職員さんたちと

毎日毎日、就業時間が終わってから集まって、腹を割って話し続けました。職員さんたちも、「ぼくはそう思わない」「私はそう思わない」と私たちに本音で話をしながら、ずっとつくりあげてきたことがよかったのかなと思っています。

　鳥羽市エコツーリズム推進協議会は、「循環と連携」をテーマにさまざまなことに取り組んでいます。ツアーや商売は一切やっておりません。みんなの合意形成の場であり、社会のなかでの観光のバランスを取るような、そんな仕組みの協議会にしております。

梅川——ありがとうございました。それでは大田区の今井さん、お願いいたします。

●大田区の「特区民泊」——全国初の取り組みとして

今井——大田区の政策課長の今井と申します。どうぞよろしくお願いいたします。国家戦略特区の旅館業法の特例を活用した、いわゆる特区民泊に取り組む背景も含めて、大田区の取り組みについて、お話しさせていただきます。

　はじめに、大田区の紹介をさせていただきます。いま人口は71万、面積は23区でいちばん大きい大田区ですが、よく「東京の縮図」と言われております。多様性を持つ大都市東京のあらゆる要素が大田区に詰まっている、という意味です。『下町ロケット』の舞台となった、ものづくり産業が集積したまちとしてご存じの方もいるかと思いますが、商店街も活気があり、銭湯とともに23区でいちばんの数を誇っております。下町情緒の残っている蒲田や羽田から、日本を代表する閑静で良好な住宅街である田園調布など、バラエティに富んだ顔を持っている。それが大田区の魅力と考えております。

　しかし、いわゆる名所名跡のあるポピュラーな観光地ではないということがあります。残念ですが、大田区の魅力はあまり知られていないというのが現状です。

今井健太郎（いまい　けんたろう）
東京都大田区政策課長
1964 年生まれ。1989 年大田区役所入庁。
大田区職員課、東京都財務局財政課派遣研修、
大田区企画財政課、同大森生活福祉課、港区
介護保険担当課長、大田区入新井特別出張所
長、同計画調整担当課長などを経て、現職
（計画財政部計画財政課長兼務）。羽田空港の
地元自治体でもある大田区として、いわゆる
特区民泊に取り組む。「大田区国家戦略特別
区域外国人滞在施設経営事業に関する条例」
は 2015 年 12 月 7 日に可決された。

そこで大田区では、観光スポットだけではなくて、賑わいやものづくりなども含めた、生活感などが醸し出されている日常的な暮らしぶりそのものが人を引きつける、集客価値になる、そういう認識に立って観光施策を進めています。また、羽田空港が国際化し、世界の 28 の都市とつながったことも大きいと考えておりまして、そのお膝元の自治体として、インバウンドの強化も課題となっております。

では、なぜ大田区がいわゆる「特区民泊」に取り組んだのか。背景としては、まず外国人来訪者が増え続けていることがあります。区内の宿泊外国人の数は 2013（平成 25）年で 9 万人でしたが、2014（平成 26）年には 13 万人を超えました。2015（平成 27）年直近では、すでに 20 万人を超えております。区内のホテルの稼働率は 91% と、上昇しているわけです。

今後、東京オリンピック・パラリンピックに向けて外国人来訪者はさらに増加し、宿泊施設の不足が必至な状態となっております。一方で、インターネットを介した、いわゆる民泊サービスが急速に広がりを見せており、これは違法性が懸念されるところです。

こうしたなか、既存のインフラを活用して、外国人の滞在施設を整備・提供することができる、国家戦略特区の旅館業法の特例という仕組みが、まさに羽田空港のお膝元であり、インバウンドの強化をしたい区の思惑とマッチしたわけです。

また、近年の外国人旅行者は、行動に変化が起きていると言われてお

りまして、特にリピーターは名所名跡を巡る旅行では飽きたらないようです。日本の日常の風景に触れたり、日本人と触れ合ったり——例えばこのあいだ聞きましたが、ランドセルを背負った小学生の通学風景が非常に人気で、映像に撮ってSNSにアップしたりして楽しむ——そういったありのままの普通の生活に触れたりすることを求めるように、旅行者の行動が変化していると聞いております。

　こうした傾向のもと、まさに日常に根ざした魅力を売りにする大田区の観光に大きなチャンスが来たととらえております。早くも民泊に注目する事業者などの問い合わせも多く、ものづくりの体験ツアー、居酒屋、銭湯のツアーなど、特区民泊を活用したさまざまなビジネスをお考えになっているようです。

　特区民泊をきっかけに、行政、地域、事業者などが連携して、大田区の取り組みが、全国のリーディングケースとなるように取り組んでいきたいと考えております。

梅川——ありがとうございました。いま国のほうでも、民泊に関する委員会を立ち上げて、議論をしているようですが、大田区では国家戦略特区で民泊に取り組んでいるというお話をいただきました。ありがとうございました。

●観光と文化・教育——金沢のまちづくりから

梅川——それではお待たせしました。山出さんにお願いしたいと思います。山出さんの著書に「一周遅れのトップランナー」という表現が出てまいりますけれども、北陸新幹線が開通して、いまや金沢はお客さんが増えすぎて困っているという話もお聞きしております。新幹線開通の影響も含めて、お話しいただければと思います。よろしくお願いいたします。

山出——山出でございます。長い間、金沢市長を務めさせていただきました。

山出　保（やまで　たもつ）
石川県中小企業団体中央会会長・前金沢市長
1931 年金沢市生まれ。金沢大学卒業後、
1954 年金沢市役所に入る。1987 年、金沢
市助役に就任。1990 年、金沢市長に初当選、
5 期 20 年在職。2003 年より全国市長会会
長を 2 期 4 年務める。2013 年、石川県中
小企業団体中央会会長に就任。金沢の歴史・
文化・伝統を生かしたまちづくりについて、
日本建築学会文化賞（2000 年）、日本都市
計画学会石川賞（2005 年）、日本イコモス
賞（2015 年）を受賞。また、2010 年、フ
ランス共和国レジオン・ドヌール勲章シュバ
リエ章を受章。著書に、『金沢の気骨』（北國
新聞社、2013 年）、『金沢を歩く』（岩波新書、
2014 年）、『金沢らしさとは何か』（北國新
聞社、2015 年）がある。

在任中、私は、「金沢は観光都市と言われたくない、学術文化都市と呼んでほしい」と言いました。「学術を知りたくて、文化に触れたくて、多くの方々が金沢を訪ねてくださって、まちが賑わっている、この状況を観光都市みたいと言うのならまだしも、金沢の目標はあくまでも学術文化であるべきです。観光は、むしろ結果であってほしいのです」と話しました。

「風変わりなことを言う市長だな」と言われました。

建設促進の政治運動が始まって 40 有余年が経ち、やっと新幹線が東京から着きました。開業年だからでしょうか、その威力のほどを痛切に感じます。金沢だけでなく、能登へも加賀にも開業効果が及んでいます。だけど、逆に負の側面が目に見えてきて大変心配です。

一つ二つ、例を挙げましょう。国が、重要伝統的建造物群保存地区の選定をした「ひがし茶屋街」のことです。「町並みの風情を楽しみたくて行ったのに、人が多くてゆっくり見て回れなかった」「家の中をのぞかれた」などの苦情も出てきています。

また、近江商人がつくったとされ、290 年の歴史を持つ近江町市場がありますが、観光客が増えて売場が混雑し、市民の間から「行きづらくなった」「値段が高くなった」との声が聞かれます。

市民の台所として親しまれてきたのに残念です。

こうしたこともあって、いま、私とまちを愛する若い方々で、「金沢らしさ」とは何かの議論をしています。多くの観光客で賑わうことはよいとしても、「金沢らしさ」がなくなっては元も子もありません。

　私は、「金沢らしさ」の要素の一つにまちの持つ「親しさ」を挙げました。

　金沢はヒューマンスケールのまちで旧市域はすべて歩いて行ける範囲です。だから、まちそのものが、また住む人もなんとも「親しい」、こんなふうに感じられるのですが、「近江町市場に行きづらくなった」とあれば、この「親しさ」がいま危うい、私は、ここが本当に気掛かりです。

　「観光」の「観」は、「観る」とも「観す」とも読みます。観る人も観せる人も「自分さえよければ」とか、「自分だけ儲かれば」というのではなく、それぞれに自らを制御する心掛けが必要です。私は、これを「自制の論理」と呼びました。

　茶屋街では「イルミネーションは使わない」「自動販売機は家の前には置かない」という約束事を交わしています。

　一方、金沢経済同友会は、「企業も市民である」として、企業の社会貢献を促す「企業市民宣言」を行いました。

　企業も、市民も、観光客も、それぞれに自らを律しながら、観光とまちの持続的発展のために努めていかなければならないのです。

　さて、私にとって、「環境教育」は聞こえても「観光教育」という言葉はあまり聞きません。観光を教育の場においても取りあげてもらい、一方、外国人に対しても、観光教育の必要性を呼びかけてみてはどうだろうか。

　私には、観光が、オールマイティであるとは思えません。だからこそ、観光は自らの限界を知り、他分野との連携を強めるべきです。

　また、観光は、何よりまちづくりそのものでしょう。金沢の個性は、歴史と文化であると思いますので、歴史と文化によるまちづくりこそ、

梅川智也（うめかわ ともや）
公益財団法人日本交通公社理事・観光政策研究部長、筑波大学大学院客員教授
1958年新潟県生まれ。1981年筑波大学社会工学類卒業後、財団法人日本交通公社入社。2005年研究調査部長、2013年より理事・観光政策研究部長、現在に至る。課題解決型から個性創造型のビジョンづくり、プランづくりを旨とし、各地の観光アドバイザーなども務める。日本観光研究学会副会長、立教大学観光学部非常勤講師、首都大学東京大学院非常勤講師。主な著書に『都市観光でまちづくり』（学芸出版社、2003年）、『観光まちづくり』（学芸出版社、2009年）、『観光地経営の視点と実践』（丸善出版、2013年）など。

金沢の観光政策の一番目であるべきです。

　さらに、観光は究極には、文化でしょう。とりわけ、異文化との交流から国際観光やインバウンド、アウトバウンドが生まれ、異文化への理解から、平和がもたらされるのです。

　あらためて、観光の重要性を確認し、それ故に観光のあり方にも大きな関心を寄せる次第でございます。

梅川——ありがとうございました。余談になりますけれども、私ども公益財団法人日本交通公社の機関誌は『観光文化』と申します（笑）。ぜひ皆さんもご一読いただければと思います。

●「地域を知る」ということ

梅川——さて、4名のパネリストの皆さんに一通りお話を伺いました。このあとは、それぞれの皆様がお話しされたことを、少し深掘りしていきたいと思います。

　まずは吉山さんのお話ですが、副市長でありながら、ふるさと案内人をボランティアでやっておられるということで、生まれ育った隠岐に戻ってみて、「地域のことを知らなかったことに気づいた」というお言葉が非常に印象的でした。西村先生のお話にもありましたけれども、要するに、関係者が地域のことを知らなさすぎるのではないだろうか、と。そんなことをベースにして、島の暮らしを見せる、人に会わせるという、新しい観光のあり方を模索されているということでした。

江崎さんも、同じようなガイドと言いますか、鳥羽の離島の良さをアピールしようという取り組みをされているわけですけれども、吉山さんのお話をお聞きして、どう思われたでしょうか。

江崎——やっぱり非常に共感するところが多かったのですが、私は鳥羽に帰ったときに、鳥羽のことが大嫌いだったんです。観光のことも結構嫌いで、その理由を考えると、「知らない」ということが大きかったと思うんです。

　地域のこと、観光のことを知れば知るほど、人に夢を与えてくれたり、いろいろと教えられたり、学ぶべきことがあったりして、好きになる。いま、中学生以外とは全部お付き合いしているのですが、幼稚園の子たちも、小学生も、高校生も、同じように知っていくとすごく変わるんです。「島なんか何もない」と言っていた子たちが、もういまは誰もそんなことは言いませんし、島っ子ガイドをやっていた最初の子たちはいま高校生、中学生になっているのですが、発言量が増えていくということは、話したいことが多くなる、好きなことが多くなっているのかなと感じています。

　若い世代の子たちが、例えば「鳥羽が好き」なんて言葉を発するのは、昔は結構恥ずかしいことだったんです。いまはキャッチフレーズのように「鳥羽ラブ」とか「鳥羽好き」というTシャツまでつくって着るぐらいになってきました。やっぱり「知ること」の偉大さを感じますね。

　もう一つは、地元に帰って来られたときに、「帰りたくて帰った」とは言えないと思うんです。帰らざるを得ない理由があって、帰ることを選ばれたと思うのです。いま鳥羽の離島の漁師たちが、「島から若い子たちが出ていく」と嘆きながらも、自分たちの息子に「帰って来い」と言っていなかったことに気づきました。帰ってから住んでいくための条件とかばかり考えていて、「帰って来い」と言っていなかったんです。帰って来る理由をつくることが、同じぐらい大事なのではないかと思います。「漁業も大事だから帰って来い」とか「この漁村が大事だから帰

って来い」と言われたら、本当は帰って来たいのかもしれません。いま実際に、20代の漁師たちが7人ぐらい一斉に帰って来たので、すごく変わりました。

梅川――それに対して、吉山さんはいかがでしょうか。

吉山――やっぱり共感しますね。さきほども言ったように、観光というのは、地域の良さ、資源に光をあてるという意味があると思うのですが、本当に定年近くになって、ふるさと隠岐の良さに気づきました。

　私は18歳まで島にいたのですが、それまでに自分の心身、精神の骨格はできていたなと思っています。いまはだいたい毎月帰るようにしているのですが、誰に言われなくても、帰ってすることは、亡くなった父がかつてやっていたことです。私は長男ですが、家を守る、掃除をするということをやっています。それから母から教わったことは、「親切にしなさい」とか、「仁義」ですね。つまりはギブ・アンド・テイク、「受けた恩は必ず返す」ということです。そういうことを親がやっていたように、いま自分がやっている。それが自分の生き方にとって大事だということが、いろいろと経験をしてきてやっとわかったんです。

　いま日本は人口減少で厳しいですけれども、これを乗り越えていくものは、地域の自立とか、地域の良さにあるのではないかと思います。持続可能な地域、暮らしが、離島隠岐にまだ残っている。それをもっと多くの人に知ってもらいたいというのが、これから退職後もふるさと案内人をやっていきたい大きな動機です。

梅川――隠岐に戻られて、地域を知らなかったことに気づいたということですが、何か具体的な例はありますか。

吉山――まず、さきほども言いましたように隠岐には4島ありまして、私の出身は島後、隠岐の島町ですが、合併で一つになりましたけれども、かつては西郷町、布施村、五箇村、都万村という4つの町村がありました。私は東側の西郷町にある大久という集落の出身で、西側に都万村、五箇村がありました。実は、高校のときに初めて都万や五箇の人と一緒

になって、何が驚いたかというと、言葉が違うんです。私はそれまで都万や五箇に行ったことがありませんでした。親戚もいませんし、不便でしたから。

　同じように、島前には島が３つありますが、風土、暮らしが違います。農村型の暮らしをしているところ、それから自然が雄大で、観光、畜産が盛んなところなど、非常に多様な暮らしがある。以前はそういうことに無関心でした。けれども、隠岐で仕事をしていると、交通が不便ですから、いったん行くと時間が余ってしまうこともあって、いろいろ回って人を訪ねていったりしているうちに、そこの暮らし、人、歴史、文化を知ることができました。そのことが目から鱗の経験でした。

梅川——隠岐には４つの行政がありますが、やっぱりその違いがありますよね。よく知られているのは海士町です。移住、定住したい方々を呼んで漁業を教えたりする取り組みをされていますけれども、それぞれ地域の取り組みに対して温度差がありますよね。そのあたりの差を、吉山さんはどういうふうに思っていらっしゃるのでしょうか。

吉山——いまや地方創生のトップランナーである海士町は、島前にあります。島前にはほかに西ノ島町、知夫村があり、島後に隠岐の島町があるわけですが、島根県にある 19 町村のうち、いちばん大きな町が隠岐の島町、いちばん小さな村が知夫村です。

　いま島前でも唯一、海士だけで米をつくっています。農村型社会です。昔、後鳥羽上皇が流されてきたことがあるわけですが、ここは昔から、一つの村、町からできていて、非常に郷土意識が強い。それで危機感が強くなったということもあると思います。西ノ島や知夫は観光が盛んで、一時は西ノ島の国賀海岸にたくさん人が来て栄えたという成功体験があります。そして漁業の町でもありました。

　地形と言いますか、地質から、そういうふうに暮らしぶりがずいぶん違うのです。それは、行かないとなかなかわかりません。それがこの地域の多様性で、ガイドとして語ると非常に面白い。皆さんが聞いてびっ

くりするようなこと、「え！？」と思うようなことが、調べればたくさんあるというのは、楽しい発見でした。

梅川——各自治体のリーダーの方々の違いも出てくるのでしょうか。

吉山——リーダー、それから住民の方の意識ですね。地方創生の話をしていつも感じるのは、「何をやるか」も大事なのですが、当事者が「本当にいまのままではいけない」という危機感、現状認識を持つかどうかで、次の行動につながるかどうか変わってくるということです。そういった住民の皆さんの意識と、それを上手く政策や行動につなげていくリーダーの方、行政職員、そういう人材が大事だなとつくづく感じます。

梅川——そういう意味での人材育成については、行政の役割としてどうお考えになりますでしょうか。

吉山——私はふるさとが好きなので、いつも褒めて、PRしているのですが、でも課題も山積です。知ること、学ぶことがないと、皆さん、ここには何もないと思っていますから、そういう人を行動するように変えていくのは、とても大変なんです。いまは海士町さんが頑張っていますけれども、ほかも同じようにできるかというと、なかなか難しいところがあって、最後はやっぱり人と人との関係のなかで本気にならないと、変わっていかないと思っています。

梅川——やっぱり「本気にならないと」ということですね。本腰を入れないと、なかなか地方創生も進まないということでしょうか。ありがとうございました。

●地域について学び、いかに伝えるか

梅川——江崎さんのお話のなかで印象に残るのは、「島っ子ガイド」です。私も一度体験させてもらいましたけれども、最後は別れがつらくなりますね。ガイドの時間はほんの短い間なのですが、子どもたちが紙芝居みたいなものを持って、「この地区にはこんなものがあるんですよ」と、あれだけ熱心に歴史の話までしていただくと、最後に港のところで別れ

るのがさびしくなります。

　人材育成とは、例えば地域のことを子どもの頃から学ばせることだと思います。さきほど山出さんは、「観光教育」とおっしゃいましたけれども、子どもたちに地域のことを教える重要性といったようなことについて、山出さん、コメントをいただけないでしょうか。

山出──まず「知って欲しい」ということから始めて、そのなかで「マナーを大事にしよう」とか、そういうことを入れてくださるとありがたいと思いますね。いま私が国のいろいろな計画を見ても、「呼びかける」とか「促す」とかいう視点は、どうもないように感じられてしかたがありません。広い意味の教育のなかに、観光のあり方とか、そういうことを入れてくださるといいと思っています。文化や景観は、一度壊れたら戻るのにはずいぶん時間と経費がかかりますので、そういうことを思うと、教育とか、指導とか、啓発とかもやはり大切にしなければいけないと思っています。

梅川──いま文部科学省も、「観光立国教育」というかたちで少しやり始めているような話も聞いておりますけれども、子どものときから地域のことを学び、それを伝える技術が重要だと思います。江崎さん、伝えることに対する何かノウハウですとか、その重要性について、どのように考えていらっしゃいますか。

江崎──いま私がやっている取り組みでは、登場人物というか、関わる方々というのが、観光事業者とお客様だけではなくて、漁業者が出てきたり、漁業をしているお母さんが出てきたり、そこに育てられている子どもが出てきたり、離島の学校にいる先生が出てきたり、とても多様なんです。そういう方々すべてに、伝えなければいけないんですね。私たち民間の立場からしますと、行政の方にも伝えなければいけない。どうやって伝えるのかというときに、自分が思っていることを一方的に、一種類の方法で全部の人に伝えようとしても、全然伝わりません。

　特に、私は観光事業者なので、お客様のことを考えて伝えることはで

きると思います。このお客様がどういうことに価値を見出されるのかということを考えて、そこに響くように伝えるんです。同じように、子どもたち、先生たち、行政の方々、それぞれと一緒に話すときに、この人たちと私が共有できる価値は何なのかをお互いに見出さないと、話が進まないと思います。

　ただお客様にツアーを売るということだけをしていては、行政の方々とつながっても、規制などのところで私たちに協力してくれるだけの話なんです。お互いの協力がない。行政が何かを「してあげる」という姿勢だけではなく、私たち民間にも社会的な役割を見出してもらう。それは、行政の方ときちんと話をすることから、できてくるのかなという気はしますね。「離島のために、あなたたちはこのツアーをやってくれているけれど、そうすると離島がよくなるかもしれないね」と一言言われるだけで、「じゃあもう少しそういう視点で考えてみよう」「そのためにどうしたらいいのかな」と一緒に考えるようになって、目的の設定が上手くいくのではないかと思います。

梅川——単にお客様に満足してもらうだけではなくて、離島の振興や地域の活性化にも目線が向いていく、それらがつながっていくということでしょうか。

江崎——そうですね。

●問われる自治体のあり方——人事異動、縦割りの問題

梅川——吉山さんはいかがですか。いま、やはり同じようにさまざまな方々に伝えていらっしゃると思いますけれども。

吉山——江崎さんの話には大変共感するのですが、私は今日のテーマである「自治体と観光」、そして自治体職員の課題を考えたときに、そこに難しさを感じるのです。つまり、観光は事業であって、経営という視点が必要であり、それは、行政のなかで、与えられた予算や人事のなかでやる仕事とは違うんですね。

それから、観光で大事な「おもてなし」についても、これは言葉で言うのは簡単なのですが、本当におもてなしをしているということを周りが評価してくれるか、観光の関係者がどう評価してくるかということを考えたときに、実はなかなか自治体職員には難しいのではないかと思っています。というのも、自分がガイドとしてお客さんをお迎えするなかで、お土産をどうするとか、宿泊や食事をどうするとか、いかに喜んでもらえるかということを考えるのですが、やっぱりそれがおもてなしの良さや向上につながっていくということが、すごくわかったんですね。

　自治体に何ができるかと考えたときに、施策や予算を持ってやるだけではだめで、職員にも、単なる仕事としてやるのではなく、異動があってもずっと関わっていくぐらいの思いがないと、なかなか観光の関係者を巻き込んで施策を展開することはできません。いま地方創生のなかで、観光は間違いなく大きな柱なのですが、これがきちんとできるかどうかは、そういう自治体職員の意識とか、信頼を得られる行動ができるかどうかが大事だと感じます。

梅川──われわれも、自治体の皆さんが2年で替わっていかれると、せっかく信頼関係ができたのに、あるいはビジネスの関係ができたのに、残念だなと思いますし、おそらく自治体職員の方も残念に思っていらっしゃるだろう、と。これは自治体の組織運営の宿命なのかもしれませんが、「この分野でやりたい」という希望をきちんと聞いてもらえるような人事的な対策、方策が、できないものなのでしょうか。

吉山──それは副市長という立場をもってしても、なかなか難しく本気度が問われることだと思いますが、もう一つ、縦割りをいかに越えるかということも問われてくると思います。松江市では、地方創生の「地方版総合戦略」を昨年秋につくりましたが、別冊で339ものプロジェクトを挙げておりまして、そのうちの3分の1は民間の皆さんからの提案です。いいものはみんな入れて、あとはいかに実現するかが課題なのですが、これを阻んでいるものの一つが縦割りです。それから、おそらく人

事異動の問題ですね。連続性がないということです。

　けれども、本気でやるなら、そこを連携してやっていかなければいけない。副市長という立場でいろいろと言うことはできるのですが、最後は、それを聞いている人がきちんと腹に落ちないと行動は変わりませんので、それをどうやったらいいのか、日々難しさを感じているこの頃です。

梅川——そのあたり、長く市長を務められた山出さんにお聞きしたいんですけれども、自治体の方々も、じっくり腰を据えて同じ仕事をやりたいという行政分野もあると思うのですが、やっぱり2年で替えなければいけないものなのでしょうか。市の独自の工夫はできるものなのでしょうか。

山出——それはできますね。また、必要に応じて、しなければいけないと思います。

　知恵を働かせてやるところに観光の良さがあると私は思っておりまして、いろいろなことを研究しなければいけないと思いますね。行政が法被を着てキャンペーンをしたり、東京にアンテナショップを出したり、それは本当に行政がやることかなと、ときどきは思います。行政は何をすべきか、事業者は何をすべきか、そして住んでいる人はどうあるべきか。そういう役割分担は大事ではないかと思います。

　これは地方分権そのものの議論でもあります。国は何をすべきか、そして地方は何をすべきかが明確でなければなりません。その上でインバウンドやアウトバウンドをどうするとか、インフラの整備、即ち港湾や飛行場を整備するとか、これはやはり国の仕事だけれども、地方がやるべき観光に関わる仕事と言えば、私はまちづくりが基本だと思っております。個性のある、魅力のある、まちをつくることだろうと考えています。

　住民とともにそのための知恵を出す。私はそこに地方自治や地方分権の意味があると思っています。お客様に「来てください」と言うに値す

るまちをつくること。招くにふさわしいまちをつくること。そこに知恵を働かせて、頑張らなければいけないと思いますね。

梅川——そうすると、知恵の出せない自治体と、知恵が出せていろいろな仕組みができる自治体とで、ますます差がついていくと考えてよろしいですか。

山出——ええ、地方自治、地方分権というのは、本来がそういうものだと思います。

梅川——そうすると、住む市民としても、そういう知恵をきちんと出せるような自治体に住みたい、それで定住人口も少しずつ増えていく、というシナリオですよね。

山出——そうですね。知恵の中身としては、「テーマを設定する」とか「ストーリーやセオリーをつくる」とか、そういったことがまず大事だと思います。

梅川——ありがとうございます。

●観光の深化・多様化と宿泊施設

梅川——今井さんのお話にあった国家戦略特区の民泊は、いわゆるステークホルダーが非常に多く、立場によっていろいろな意見があって、合意形成は大変だったのではないかと推察いたします。そんななかで、本日、観光課ではない、政策課長の今井さんが登場された背景ですとか、合意形成のなかでどのような苦労話があったのか、お聞きしたいと思います。

今井——政策課というところは、少しわかりにくいかもしれません。すでに総合計画、長期計画に書かれているものは庁内の調整で進めていくのですが、そこに書かれていないこと、新しいことをやるときに、政策課がその全体の調整やとりまとめなどをやるのです。政策課は今回の民泊の条例化に向けて関係者間の調整を進めますが、条例施行したあとに調査や認可・認定などに携わるのは保健所です。

今回いち早く進んだのは、区長のリーダーシップと、保健所の協力があったことが大きかったですね。さきほど行政の縦割りの話が出ていましたが、観光部門や保健所部門など、さまざまな分野が関わってきますので、現場の職員が協力してくれたことが大きかったと思います。

　今回、条例化を進めて、施行を目指しているわけですが、東京都、あるいは内閣府、国土交通省、厚生労働省から、大田区が全国初の取り組みになるということで、「これは絶対に失敗させてはいけない」と、かなり手厚いサポートを受けております。そういう意味で一丸となって連携できているので、進んでいるのかなと思っております。

梅川——おそらくいちばん反対派に回ると想定されるのは、いわゆる旅館業法の適用内にある既存の旅館やホテルだと思うのですが、そのあたりの説得というのは、どういう形で進められたのでしょうか。

今井——当初、大田区のホテル旅館組合はやはり反対で、区長に反対の要望書を出していました。昨年の夏に、内閣府と厚生労働省から、テロや感染症など、そういった住民とのトラブルになりそうなところに配慮した縛りを事業者にかけるという通知を出したんです。こうした通知によって旅館組合の理解を得られたということもあるのですが、「どのエリアでやるか」ということに関して、大田区では住居専用地域ではできないということでスタートしました。

梅川——そうすると、住民の皆さんは安心する部分もありますよね。

今井——そうですね。でもさまざまな意見があり、「やりたいと思っていたのに、どうしてできないのか」という声もありました。

梅川——なるほど。これからの流れとしては、実際に民泊が可能になるまではどういうスケジュールなのですか。

今井——今月の末に条例の施行を目指していまして、それが予定通りに進めば、1月29日から申請の受け付けが始まります。ただ、いろいろと審査や調査をしなければいけませんので、実際に認定が下りるのは、もう少しあとになるかと思います（補注：2月12日に最初の認定書を

交付）。

梅川——おそらくフロアの皆さんのなかにも、質問されたい方がたくさんいらっしゃるのではないかと思いますが、あとでまた時間を取りたいと思います。

　民宿の話を少し広げたいと思います。都市と過疎地域とでは全く状況が違うとは思うのですが、例えば離島でも、空き家が多いといったこともあり、民宿をやってみたいという方もいらっしゃると思うのです。いまの今井さんのお話を、吉山さんはどのような思いで聞かれていたのでしょうか。

吉山——私のふるさと隠岐も、高度成長期、観光で大変栄えた時期がありました。隠岐にも空港がありまして、一応「海外」ですから新婚旅行で隠岐に来るなど、黙っていてもたくさん旅行客が来る時代がありました。そのときに、各地区の民宿が受け皿になっていましたが、いまは数で言うと 10 分の 1 以下ではないでしょうか。もう一度また観光振興を進めていくときに、民宿という形の受け皿が要ると思いますし、過去にそういう例がありますから、ある程度できると思います。

　一方で松江市は、いま松江城が国宝になって賑わっているなか、インバウンドで、外国人が倍増というぐらいに増えていて、古民家に泊まりたいというようなニーズがあると聞いています。どういうふうにして上手くおもてなしの体制をつくっていくか。今回、今井さんにお会いできましたので、これをご縁に勉強させてもらおうかと思っています。

梅川——いまインバウンドが増えて宿泊施設が不足して、民泊に取り組むような地域もありますが、地方に行くと、実は旅館やホテルの稼働率が非常に高いということはないんですね。むしろその地域の良さや文化に触れられるような宿泊施設に滞在してその地域を楽しみたい、というニーズがあるのではないかと思うんです。条件は違いますけれども、民泊に対するニーズは、ますます増えていくのではないだろうか、と。ところが、そのルールがまだまだ追いついていないので、国もいま検討し

ている状況なのかなと思います。江崎さんは、民泊の問題はどうお考えですか。

江崎——私は旅館の女将なので、民泊についてはよく「反対派じゃないの？」と聞かれるんです。私は普段から地域としてしか考えていないので、「あまりそういう意見を聞かないでください」と答えています。

　うちの地域でもし反対の理由があるとしたら、観光地なので、何か事件や事故が起こってニュースになってしまうと、それはすごくリスクになるということですね。それだけかなと思います。ターゲットが全く違うので、お客様を取り合うような競合になるとは、誰も考えていないと思います。

梅川——一度何か問題が出てくると、やっぱり「鳥羽」という名前が出てきてしまいますし、そのリスクのほうが大きいのかもしれないですね。きちんとしたルールや一定の歯止めなどが必要になってくるのかもしれません。

江崎——やっぱり、地域で民泊をやろうと言い出すのは若い人たちが多いので、それに対して、やめておこう、抑えようというふうには、なかなかならないと思うんです。若い人たちがやりたいと言っているんだから、なんとかやろうという動きのほうが大きいかなと思います。

梅川——金沢はいま、宿泊施設、ホテルの稼働率が非常に高くて、泊まれない、あるいは高いという問題が出てきていると思うのですが、古民家を使った民泊だとか、いろいろな可能性が考えられるのではないかと思うのです。山出さん、そのあたりはいかがでしょう。

山出——おっしゃるとおり、外国人が増えてきたなかで、そうした方々に簡易な宿泊の提供をすることも必要でして、そのための旅館業法そのものの規制緩和は、国のほうで議論をしているようですし、そんなに遠くないうちに結論が出るようだと聞いております。私は国家戦略特区の認定による宿泊の仕組みを先行して定着させ、その後に法律そのものを変えるのが適当ではなかろうかと思っています。

金沢は、戦災を受けませんでしたので、古い町家がたくさんあります。私はこれからそれを再生・活用するということは、金沢の大事な仕事になると思っております。国家戦略特区を活用して、古い建物を旅館として使うという事例が、篠山市で始まっていると聞いておりますし、金沢市もそういう方向で考えていかなければいけないと思っています。

梅川──ありがとうございました。旅館業法は 1948（昭和 23）年にできた古い法律ですが、時代が全く変わってきているわけですから、まず特区でいろいろなチャレンジをしてみて、トライ・アンド・エラーを経て、法律を変えていくのがいいのではないかというお話だったと思います。

　旅館だけでなくホテルも民泊もありますから、「旅館業法」という言葉自体も、もう古いのかもしれないですね。民泊も、旅館業法のなかの簡易宿所という形に位置づけをして進めたいという話もあるようで、これからどうなるのか、注目していかなければいけないと思っている次第です。

　今井さん、民泊に関して、何か付け加えていただくことはありますか。

今井──やはり全国に先行して特区民泊に取り組みますので、その検証をきちんと行って、大田区の成功例を示して、全国に広がっていけばいいなと思っております。そういう意味でもぜひ成功させたいと考えております。

梅川──頑張ってください。ありがとうございました。

●負の側面にどう向き合うか──ルールや「資源管理」のあり方

梅川──さて、最初の山出さんのお話のなかで、いま金沢では観光の負の面も出てきているというお話がありました。「ゆっくり見て回れない」とか「家の中をのぞかれてしまう」とか、各地でもそういう問題が出てきていると思いますが、まさに金沢でも出てきているというお話がありました。そうした観光によるマイナスの面をいかにゼロにし、そし

てさらにプラスにしていくかという考え方が私はとても重要だと思います。

　江崎さん、鳥羽では、お客さんが来られるようになって、何かマイナスの面が出てきたとか、具体的にこんなことがあったとか、そういった事例はありますでしょうか。

江崎──私たちの「海島遊民くらぶ」の取り組みでは、いままで人が入らない地域に入っていくということがありますので、そういう負の面が出ることを想定して、モデル的に行っていくような部分があるのかなと思っています。鳥羽で初めての取り組みなので、ある程度、先にいろいろなことを想定してルールづくりを行っています。

　例えば、浅い磯場で、生き物を観察するのは、漁ではないけれども、やっぱり生き物に対する負荷がかかるので、漁師たちとしては、自分が獲るものがそこにいなくても、海に慣れていない人間を入れるということは嫌なことだったと思います。ですから、それに対しては厳しいルールを自分たちでつくりました。「こういうルールを守るので入らせてください」と。さらに「私たちが必ず管理します」「もしも何か問題が起きたときに、責任があるのは私たちです」ということを明言して、入っているんです。

　本当に困った状態になってから、何かが起きてから対応するのではなくて、ちょっと気になっていることがあるうちに、話し合いができる状況にしています。例えば、魚は岩のまわりにいることが多いのですが、私たち人間が騒がしく海に入っていることで魚が岩から離れている、島から離れていると漁師から聞いたら、「じゃあツアーをする日を少なくしよう」というふうに、何か負の要素が出てきたときに対応ができるかどうかが大事です。それでもだめだったときはどうするかということも、ある程度想定しておくこともあります。

　マイナスのようでプラスだったのが、さきほどの島っ子ガイドなんです。私たちが修学旅行の子どもたちを島に連れていくときに、人に迷惑

をかけてはいけないので、ちょっと緊張感と親しみを持ってもらうために、島では必ず挨拶をしてくださいと、子どもたちにルールをつくっているんですね。島を歩いているときに、私たちも「おはようございます」と言いますし、修学旅行の子どもたちも「おはようございます」と言う。

　そういうことを繰り返していたら、島の人たちが、「自分たちの島の子たちが、よそに行ってこんなに挨拶ができるのかなと不安になってきたんさ」と言ってきたんですよ。普段の島民の協力に対して何かお返しをしようと思って始めたのが、島っ子ガイドです。これは観光のためではなくて、教育のためにやっています。おそらく「観光のためにやっている」という匂いがちょっとでもしたら、島はすぐ引くと思いますね。ですから、教育のためということを貫き通しています。

梅川――山出さん、手を挙げていらっしゃいますね。どうぞ。

山出――私はちょっと考えが違いまして、観光を大切にしたいからルールをつくりたいんです。ルールをつくるということは、一般の人たちにとって重苦しいことを課すわけですね。しかし、それは観光を持続させるためにやるのであって、受忍しなければいけないと私は思います。いっときだけの仕事になってしまってはだめで、長く持続するようなことを考えないといけません。そのときには、お互いに我慢するということはあってもいいと思うのですが。

梅川――江崎さんも、エコツーリズム、サステナブルツーリズムということで、持続可能性のある観光にずっと取り組んでいらっしゃいます。さきほど山出さんのお話で、「自制する」――われわれは自らを律する「自律」のほうをよく使うのですが――というお話が出てきましたが、実はその代表選手とも言えるのが、鳥羽の海女さんではないかと思うのです。日本でいちばん海女さんが多いのが、鳥羽市なんですね。

江崎――そうですね。

梅川――彼女たちの資源管理に関する考え方は、非常に徹底しています

よね。自らを"律している"わけです。365日のうち漁をやる時間を極めて短くしていたり、あるいは、ウエットスーツを着て、足ひれを着けて、ボンベを着けて潜ればいくらでもアワビが獲れるわけですが、集落によってはそれを着けないなどルールを決めてやっていらっしゃる。そういうふうに自律するということに関して、江崎さん、いかがですか。

江崎——いま山出さんのおっしゃったことは、本当にそのとおりで、原点は私も同じだと思っています。海女さんがきびしく資源管理をするのは、資源がなくなってしまったら困るということもありますし、漁業のなかで海女さんは、最後まで大事にしなければいけない漁業と思われているんですね。直接海を見ているということもありますし、戦時中なども過ごして漁業が続いてきているので、特に、船で海に出ていけないときでも、地先で潜ったらすぐ獲れるものというのは、最後まで自分たちを支えてくれるという位置づけなので、海女さんをとても大事にしています。ですから、資源管理をしなければいけないというのが根付いているんです。

　これを歴史的にずっと観光資源にしてきている私たちなのですが、最近気づいたのが、こんなに資源管理に対して真剣に取り組んでいる漁業を観光資源にしている観光に、資源管理の考え方がないことです。これは大変な問題だな、これではわかり合えないな、と。持続的に観光をつなげていくためには、使わせていただいている観光資源や、一緒にやってくれている方々への配慮が、どうしても必要になってくると思います。本当に私は漁業に学ばせてもらっていますね。

梅川——いいお話をありがとうございます。本当の鳥羽の魅力というのは何だろうといったときに、いままた漁業に戻っているというお話もお聞きしますし、そういう思いもあって取り組んでいらっしゃるんだと思います。吉山さんは、いかがですか。

吉山——観光資源の管理ということに関しては、いま具体的に悩んでいることがあります。松江城が国宝になったので、城下町の付近にたくさ

ん人が来るのですが、車でたくさん来られます。そうすると、駐車場が足りなくて列ができるんです。これは市議会でも議論になっています。松江市では列はめったにできないので、「待っている方が大変お気の毒」という市民が多くて、「駐車場を増やして」という声が出ています。でも、貴重なお城の周りの土地なので、そこを駐車場にすると当然コストもかかる。また、車社会のあり方やまちづくりを考えたときに、どこか遠くに車を停めて、まち歩きができるような公共交通機関を整備して、ゆっくり楽しんでもらいたいと思うのです。

そのためには、お城とそれに関わる文化を中心としたまち歩きや観光はどうあるべきか、あるいは、その周辺の建物について、高さの規制をどうするのかなど、議論や合意形成が必要になってくると思います。それはまちづくりに深く関わってきますので、その地域の資源にはどんなものがあって、それをどう生かしていくかについて、市民のあいだの議論や合意形成が必要です。ルールをつくって規制をして、資源を守っていかなければいけない。当座守るものと、それから長く守るもの、そういうところをきちんと議論して、管理していかなければいけないと思います。

そうしたなかで、いま具体的なこととしては、駐車場の問題が議論になっているところですね。

梅川——いわゆるシェアリング・エコノミーと言うのでしょうか、地元の住民の皆さんが持っている駐車場を観光客に貸すというような、そんな議論もあるのですか。

吉山——松江城の近くには、「おもてなし駐車場」というのがあります。市役所と島根県庁の職員駐車場を土日は開放するんです。商工会議所の駐車場も開放しています。よほどのピークのときは、別途無料バスを出して送迎するのですが、ここのところたくさんの人が来てくれるので、追いつかない。それで駐車場の問題が市民のあいだで議論になっているんです。

梅川——なるほど、ありがとうございました。

　江崎さんのお話にあった海女さんのルールというのは、行政がつくったルールではなく、法律に基づくものでもなく、海女さんたちの長年の生活の知恵から出てきたものですよね。そういうことも重要ですし、大田区の今井さんがおっしゃったような、行政がきちんとルールをつくってビジネスができていくという形もあるでしょう。観光の負の面を少なくするために、そういうルールが必要なのかなと思いました。

●地域の「らしさ」とは

梅川——山出さんのお話のなかで、「金沢らしさ」という話がありました。私も、仕事をしているなかで、地域の観光計画をつくるときには、いつもその地域の「らしさ」を徹底的に議論しようということにしているのですが、いま「金沢らしさ」の議論は、どういったメンバーで、どういうことを最終的なゴールにしているのか、お話しいただけないでしょうか。

山出——市内の大学教授、大学院生、建築設計関係の技術者、それから陶芸家など、どちらかと言えば若い方々でつくっている「金沢まち・ひと会議」というグループと私で議論をしています。

　私は「金沢らしさ」として、とりあえず４つを挙げたんです。１つ目は、さきほども言いましたように、まちのスケールからして、まちと人の「親しさ」。２つ目は、緑と水の多いまちですので、緑と水がもたらす「癒やし」。なんとなく気が休まるという、これは「金沢らしさ」ではないか、と。

　３つ目は、物事への「こだわり」ですね。美術工芸の盛んなまちですし、地方としては大学の数の多いまちですので、そういうところを背景にして、市民の皆さんは、品質やグレードにこだわる人たちが多いんです。もともとサムライがつくった武家社会のまちですので、武家社会イコール格式社会だとも考えます。ですから、「いい加減」とか、「生半可」な

仕事はできない、物事にこだわる。そういう雰囲気がなんとなく残っている土地柄です。

　そして4つ目は、雪が降るところですので、また仏教が盛んな土地柄でもあるので、他人への「思いやり」、心遣いが根付いているということが挙げられると思います。

　さきほど言いましたように、なんとなく親しい雰囲気が、観光のお客様がたくさん来てくださることによって失われていかないかなという心配があります。「金沢らしさ」の議論を広めていって、それを市民の共感するところにまで高められたらいいという思いがございます。

梅川——ありがとうございます。さきほど今井さんは、大田区は東京の縮図であるというお話をされましたけれども、「大田区らしさ」を追求していくと、「縮図」という言葉が出てきたのかもしれません。大田区のコンセプトを固めるときには、どのような議論があったのでしょうか。

今井——大田区でもシティ・セールスのために、「大田区らしさってなんだろう」という議論があったんです。さきほど大田区のことを「東京の縮図」と言ったように、下町から田園調布、ものづくりのまちと、さまざまな面がありますので、なかなか「らしさ」を定義づけるのは難しいということで、いま定義づけはしていないのです。ただ、効果的にシティ・プロモーションをするには、そういった定義づけも必要なのではないかと、今日は勉強になりました。

梅川——山出さんからアドバイスがあるようです。

山出——私は「らしさ」とは、家風とか風土とか、そういうものがしつらえてきた、育ててきた、人それぞれの心象風景だと思っているんです。ですから、その心象風景は人によって違うはずで、私はたまたま4つを挙げたわけですけれども、「これが金沢らしさである」と断言したり、押しつけたりする気は全くありません。

　しかし、そういう議論をするなかで、「金沢というまちをみんなで大事にしていこう」という市民の共鳴、共感ができることが、まちをきれ

いにしていく、よくしていくゆえんだという思いがあるわけです。

梅川——参考になさっていただければと思います。

　吉山さん、「松江らしさ」というのはたくさんあると思うのですが、やっぱり「これだ」というものをアピールしないと、よそから見て理解できない面もあると思うのですが、いかがでしょうか。

吉山——松江市役所で「歴史文化のまちづくり」という議論をすると、金沢市がお手本としてよく話題に出ます。同じ日本海側にある城下町で、茶の湯文化があり、和菓子処でもあります。個人的にも大変親しみを感じているのですが、さきほど山出さんのお話にあった、こだわりのある市民が多いということについては、松江市も同じだなと感じました。

　「市民と一緒に」ということで「協働」という言葉がよく言われますけれども、いま松江市では地方創生やまちづくりのなかで、一歩進めて、共に創る「共創」を進めています。市民には、すごい力を持った方がおられます。技術を持った職人の方が自分で何か新しいものなどをつくられたり、高齢で元気な方が地域貢献を本当に一生懸命やっておられたりします。こういう力を生かして、課題解決や地域の活性化をしていかなければいけません。

　また、松江市は平成の大合併で9市町村が合併しましたから、ずいぶん市域が広くなったんですね。島根半島の日本海側や美保関ですとか、いろいろな地域ができました。各地域に歴史のある風土があって、さまざまな市民の方がおられるので、このことを生かして拠点連携型のまちづくりをしていかなければいけないと感じています。

梅川——ありがとうございました。

●質疑応答

梅川——さて、フロアの皆さんもいろいろ聞きたいことがたくさんあるのではないかと思います。今回は「自治体と観光」というテーマですので、できれば、自治体の皆さんからご質問をいただければと思います。

参加者Ａ——和歌山県庁から来ました。いま自治大学校で半年間の研修を受けておりまして、地方に外国人観光客を増やす方法について研究をしています。東京をはじめ、大阪などのゴールデンルートには、たくさんの外国人観光客の方が来られていますが、その方々に地方にも来ていただいて、地方の良さを知ってもらいたいと思っています。地方に外国人観光客を増やすための方策について、皆さんのお考えを教えていただければと思います。

梅川——インバウンドの観光客の皆さんがなかなか地方に分散化しないというのは、ずっと前から課題になっていますね。まずは吉山さんから、いかがでしょうか。

吉山——島根県の場合は、外国の方が入ってくるときに、米子空港や境港に絞られているので、もっと中国地方全体、広島や岡山のほうからも入ってこられるように、広域で連携して取り組みを工夫していかなければいけないと思います。

　また、長い目で見たときに、来てもらうためには、やっぱり地域の資源、伝統文化を守りながら、きちんとおもてなしができるような形を整えていくことが必要で、表示をわかりやすくしたり、受け入れ体制、宿泊体制をつくっていくことが大事かなと感じています。

梅川——ありがとうございました。では、江崎さん。

江崎——誰に来て欲しいのか、ターゲットをどう考えるかということもあると思うのですが、実は鳥羽は、以前中国からのお客様が非常に増えたときに、痛い目に遭っているんですね。それを踏まえて、いま、どういうお客様に来ていただきたいのか、きちんと考えて進めていこうと、「伊勢志摩インバウンド協議会」というものをつくりました。鳥羽だけではなくて、伊勢志摩として、少し広域のエリアで誘致するような活動になっています。

　さきほど海女さんの話がちょっと出ましたけれども、「海女小屋」と言って、海女さんが体を温めたり、コミュニケーションをとるための場

所があるのですが、そこで食事をしたり、会話ができたりする、体験スペースをつくったところ、この10年でお客様がかなり増えて、2軒の海女小屋だけで年間2万人ぐらいのお客様がいらっしゃっています。そうすると、そこでアルバイトをしているおばあちゃんたちも潤うんです。最初は、ニッチな層というか、こだわりのあるお客様がいらしていたのが、いまでは一般化してしまって、もっとニッチなところを求めるような声も聞かれるんですけれども、どこまでいくのかなという感じもあります。

　また、伊勢志摩サミットの開催が決まって、突然いろいろなチャンスが降ってくることもあるわけですが、そのときに、エコツーリズムもそうですが、行政と民間で連携を組んできてよかったなという思いがあります。急に「来週これをやってほしい」「来月こんなことをやりたい」と言われたときに、いままでの連携がなかったら、できないと思います。やっぱりそこの土台をしっかりつくっていないと、結局、目先ではできてもあとで続いていかないのではないかと思うのです。景観の話もそうですが、長年積み重ねてきた民間と行政の信頼関係のなかで、役割分担をしてチームワークができるということはとても大事だなと思います。いま本当にそう思う瞬間がたくさんあります。

梅川──そうですね、特に広域連携は、普段からきちんとお付き合いをしていないと、いざプロモーションなど具体的な事業をするときに動かないですよね。やっぱり顔が見えて、この方はどういう方なのかがわかっていないと、事業はなかなかできないので、土台がきちんとしていなければいけないということだと思います。今井さんはいかがでしょうか。

今井──アドバイスになるかわからないのですが、大田区では2014（平成26）年度に「観光統計マーケティング調査」を行いまして、かなり詳細に調査をしました。その結果わかったのは、羽田空港が国際化して28の都市とつながり、大田区は集客を期待しているのですが、羽田を単なる通過点として目的地に行っている方が7割なんです。それはある

意味予想どおりの結果だったのですが、データとして裏付けができました。

　その7割の方を大田区に引きつけなければということで、いま取り組んでいるのは、まず来る前に大田区を知ってもらいたいということです。それまでは単に翻訳しただけのホームページだったのですが、外国人にとって魅力的に見えるような、多言語のホームページを12月に開設しました。それからWi-Fi環境の整備を行い、京急蒲田駅に朝9時から夜9時まで多言語で案内できる観光情報センターをつくりました。そこでは日本の文化体験も案内していまして、蒲田には銭湯がたくさんありますので、銭湯のツアーを組んだりするなど工夫をしています。

　また、ネットの影響は大きいので、有名なブロガーに取り上げてもらうような取り組みを、今後進めていきたいと考えております。

　このマーケティング調査では、例えば、蒲田では北海道から来ている人が意外と多いとか、いろいろな結果もわかりましたので、それを生かしていきたいと取り組んでおります。

梅川——大田区には職人さんがたくさんいらっしゃるので、「ものづくりツーリズム」といったものは、おそらく外国人の方も喜ぶのではないかと推察しますけれども、そういった海外の方に対するアピールというのは、いまやっていらっしゃるのでしょうか。

今井——「オープンファクトリー」と言って、年に1回、ある程度の期間、ものづくりが集積した地域を開放して、観光客に来てもらうという試みをやっています。いま民泊関連で事業者がいろいろな企画を組もうとしていて、そのなかで「ものづくりツアー」は魅力的なので、連携してぜひ進めたいと思っております。

梅川——ありがとうございました。山出さん、インバウンド誘致についてはいかがですか。

山出——外国人を迎えるときは、何よりもまちがきれいでなければなりません。そのため、私は景観行政を重視したいと思います。

その上で、日本らしいものをお見せする、そして本来の日本文化を知っていただくことではないでしょうか。

それには体験をしてもらうことが有用でして、例えば金沢には寺院が多くありますので、そこに行っていただいて、一汁一菜や座禅を体験してもらう、こんな試みも外国人にはユニークで興味のあるメニューとして喜ばれるのではないだろうか。

私、いつも思うのですが、兼六園を訪ねる客層と金沢21世紀美術館に来る客層とは違うのです。

兼六園へは、一般にバスで来て園内を見物して、そのままバスでお帰りになる。

他方、金沢21世紀美術館の場合は、個人もしくは小さなグループで来て、美術鑑賞ののち、まちなかを歩く。九谷焼とか漆器とかの店に立ち寄る。そこで時間をかけて商品を見て、話を聞いて選んで買ってくださる。

このように外国人も国によって人によって目的、趣向、ニーズが違い、行動パターンも異なりますので、これらを知って、その上でそれぞれにふさわしい接し方を考える、そして丁寧に対処する、こんなことが、おもてなしの基本条件ではないでしょうか。

梅川——ありがとうございました。インバウンドもひとくくりにしてはいけないというお話だったと思いますし、もっといろいろ研究しなければいけないということで、いいヒントになったのではないかと思います。

ほかに、ご質問のある方はいらっしゃいますか。

参加者B——大田区の政策課におります。お話を伺っておりまして、とても印象に残ったのが「らしさ」を生かすという点と、観光における資源管理の大切さでした。

特に、松江の「おもてなし駐車場」という取り組みが目から鱗で、自治体が持っている資源などを、無理することなくみんなに使ってもらうという視点が、これからの自治体に必要なのかなと思いました。そうい

った意味で、自治体が主体的に動いてなんでもやっていては、おそらく観光は上手くいかない。やっぱりまちの人や、商工業をやっている方と一緒になって、自分のまちの良さをみんなに伝えていかなければいけないのかなと、皆さんのお話を聞いて思いました。

　自治体に期待する点や、どういった視点を持つことが大事なのか、教えていただければありがたいと思います。

梅川──ありがとうございました。今日のテーマの本質とも言えるような話になってくるかもしれませんが、まずは吉山さんからいきましょうか。

吉山──私も自治体の職員でしたので、だいぶそういった観点から話をさせてもらった気はするのですが、自治体は総合行政でいろいろな分野がありますけれども、観光においても、人材育成というのがやはり大事だと思います。人との関係を築くことができて、いろいろな文化を理解する知識を持った人材をきちんと育成する。そのためには、さまざまな経験をさせて、一定の年齢になったら、いいミッションを与えて成果を出してもらい、それを評価してあげることが必要です。そういうふうにして観光のエキスパートと言いますか、その人になんでも相談できたり、アドバイスをもらったりできる人材を各自治体で育成していくことが、大事ではないかと感じております。

梅川──ありがとうございました。今井さん、いかがでしょうか。

今井──今日は人材育成の話がたびたび出ましたが、自戒の念も込めまして、われわれ公務員は民間の方と付き合うことになかなか消極的なところがあるんです。例えば、腹を割って話すには、時には飲食もしないと話せない部分もあると思うのですが、非常に消極的なところがあります。そのあたりは節度をしっかり守って、どんどんコミュニケーションをとることが大切だと思っております。

　いま「地域に飛び出す公務員が大切だ」と言われていますが、大田区でも地域活動を奨励して、その活動結果を庁内報に掲載したりしており

ます。ですので、私も含めて、いろいろな違った分野の人と話ができる言葉を持てるような職員を育成することは、大事だと思っております。

梅川——確かにそうですね。民間との付き合いに消極的ということに関して、われわれもいろいろな観光地に行きますけれども、ビジネスがかなり進んでいるところと言いますか、観光産業が集積しているところは、概して行政の方は引き気味ですよね。産業があまり進んでいないところは、行政のほうが強いというような感じがしますけれども、そのあたりに関して、民間の江崎さんは、行政とわりとフランクにお付き合いされていますけれども、コツなどはあるのでしょうか。

江崎——付き合うということはチームをつくることだと思っているので、行政の方と一緒にチームワークをどう築くのか、ということだと思っています。

　実は、鳥羽市エコツーリズム推進協議会をつくったときに、当時の観光課長と「なんのためにこれをやるのか？」という話をしたんですけれども、「人材育成をやろう」と決めていました。エコツーリズム自体は、「何をやるか」ということよりも、考え方が大事なんですね。観光によって地域に潤いを持たせていくためには連携や循環が大事ですし、どこか一つが独り占めするようではだめです。そういう考え方をみんなで共有していたら、自分が果たすべき役割というのが見えてくると思うんですね。担当になった行政の方にそれをしっかりと伝えることを、目的の一つにしています。

　ですから、人材畑と考えて、2〜3年で替わっていただいて結構なんです。逆にずっといてもらっては困るというか、育てた人材を次の部署へ送り出して、そこで与えられた役割のなかで、その考え方を花開かせてもらいたい。観光のことだけではなくて、ほかのことにも全部つながっているんだという考え方で、花開かせてもらえたら、と。

　2〜3年で1人を育成していくと、30年経てば10人ぐらいになっていますよね。市役所の職員のなかで10人ぐらいがそういう考え方になっ

ていると、私はだいぶやりやすいんです（笑）。そんな戦略の下にこの協議会をやっておりまして、一人一人と一緒に育っています。

梅川——かなりしたたかですね（笑）。しかも長期戦略で、行政の人材育成に貢献している、と。

江崎——3人ぐらい育っただけで、かなり変わりますね。

梅川——そうですね。ありがとうございました。山出さんはいかがでしょうか。

山出——お話を聞いて、観光地の、地域としての総合力が試されることなんだろうなと痛感しました。私は職員の皆さんは勉強しなければいけないという思いがあります。しかし、仕事の領域が広いですから、なかなかすべてを勉強しきれない場合もある。そのときは有識者の意見を聞くことです。それは、自分を謙虚にしていることですので、人間が生きていく上でいちばん大切なことではなかろうかと思います。

梅川——ありがとうございます。時間が迫ってきましたが、せっかく盛り上がってきていますので、もうお一方、質問をお受けしたいと思います。

参加者C——神奈川県庁から来ました。本日のこれまでのお話を聞きますと、観光にあたってまちづくりが大事であるという視点が示されたように思いまして、大変共感しています。

　ただ、理想としては、全庁が一体となって観光もまちづくりもできればいいのですけれども、現在の行政の実情として部署間の壁があり、観光の部門は主にプロモーションだけをやっていて、まちづくりは土木の部門が、観光のことは特段意識せずにやっていると思います。

　そのなかで、もし観光の部門から働きかけて、まちづくりにつなげていくことができるとすれば、どんなアプローチ、考え方ができるか、ご意見を聞かせていただければと思います。よろしくお願いします。

梅川——縦割り行政の問題として、再三指摘された問題かもしれませんが、観光の分野からまちづくりに対して何か言えることとして、吉山さ

ん、いかがでしょう。

吉山――それは観光分野に携わる人の意識がすごく大事になりますので、何かルールをつくればこうなるというのは、ちょっと難しいような気がします。

　例えば松江市では、縦割りを乗り越えるために、まちづくりというトータルの議論をしなければいけないので、「共創」というキャッチフレーズで推進本部をつくり、各部長さんがみんなメンバーになって、そこで情報共有して議論する場を持っています。

　縦割りも、当然理由があって役割分担しているわけですので、それを乗り越えていくためには、職員の意識改革と、仕組みをつくることですね。並行して仕事をしながら連携の意識を持つということ、何かあればプロジェクト会議のようなものができる庁内の仕組みをつくっておくことが、現実的な対応ではないかと感じます。

梅川――具体的なご提案ですね。では、今井さん。

今井――サイン整備などをする場合には、観光課とまちづくりが連携してやっておりますが、例えば観光のほうからの働きかけで言いますと、何かストーリーがあるようなプロモーションの場合には、すぐにつなげることができるのかなと思います。

　具体的には、大田区にはアオスジアゲハ――英語でブルートライアングルと言います――というなかなかきれいな蝶がいるんですね。外国人にも人気がある蝶で、大田区の区の木でもあるクスノキを食べています。いまオリンピック・パラリンピックに向けて、この蝶に親しめるような自然環境の整備を進めていこうと、「ブルートライアングルプロジェクト」というのを立ち上げたんです。研究を行って蝶を育てたり、土木系の部署や公園関係の部署と連携したりしています。

　もう一つ、いま大田区では勝海舟記念館をつくろうとしています。勝海舟が池上本門寺で無血開城の会談をしたという話があり、また洗足池の湖畔に住んでいたということもありますので、そこをなんとかつなげ

ながら記念館をつくろうということで、公園整備と観光とが一体的に取り組んでおります。

梅川——ありがとうございました。では最後に、山出さん、一言アドバイスをお願いできますでしょうか。

山出——さきほど、観光客のための駐車場のお話が出ました。お客様にたくさん来て欲しいと誘客に努めるのですが、片や、駐車場をつくる仕事も出てくるわけです。

　合掌造り集落の白川郷が世界文化遺産に登録されて大勢のお客様が来まして、駐車場が足りなくなりました。しかし、私は簡単に駐車場をつくるべきではないとする立場です。というのは、あの合掌造りの民家は、お隣に稲が実っていて、畑があってこそ映えるのであって、駐車場が横にあって、世界文化遺産が映えるはずはなかろうと思うのです。

　そうすると、駐車場はいったいどこにつくるのか、議論しなければいけませんし、その前に、規制の議論をしないといけません。バスとマイカーとの関わりをどう調整するかなど、たくさんの仕事が出てくるはずです。そういうものを総体としてどうやってまとめていくか、それが極めて大事な仕事になると思います。それぞれの目的に応じた処理の仕方を研究しながら、総体として施策にまとめあげる。そういう力が行政になければだめだと思います。

梅川——ありがとうございました。

　今日は本当にいろいろな意見が出たかと思います。私も皆さんからいろいろな引き出しを開けていただこうとしたわけですけれども、あまりまとまりのないパネルディスカッションになってしまったかもしれません。それでも、いろいろなヒントがあったと思います。

　今回の議論には出てきませんでしたけれども——これからまた議論になるのかもしれませんが——インバウンドが増えていくと、利用の話ではなくて、投資の話ですとか、外国資本が入ってきますと、例えば「観光協会費を払ってもらえない」とか、「町内会費を払ってもらえない」

とか、地域でいろいろなトラブルも出てくるのではないかと思います。

　今日は、大田区の特区民泊の事例が出てまいりましたし、「らしさ」をどうやって表現していくかというお話もありました。それから人材育成のお話も出てきました。観光と自治体を取り巻く多面的な話題が出てきたのではないかと思っております。

　観光と言いますと、とかく「水商売」という言い方もされますけれども、もうそういう時代ではなくて、地域の総合戦略と言われるようになってきました。勘と経験だけではなくて、きちんとデータに基づいた科学的なアプローチも必要になってくるのではないかと思います。

　つたない進行で、大変恐縮でございましたけれども、今日のパネルディスカッションはこれでお開きにしたいと思います。あらためて４人のパネリストの皆さんに、拍手でもって御礼をしたいと思います。どうもありがとうございました。